Conduite à gauche

Pierre Tourlier

avec la collaboration de
Laurent Delmas

Conduite à gauche

Mémoires du chauffeur de François Mitterrand

DENOËL
IMPACTS

9, rue du Cherche-Midi, 75006 Paris
ISBN : 2.207.25037.7
B 25037.7

À ma fille Angélique-Anaïs

2 janvier 1996, 22 heures. Un petit avion privé ramène François Mitterrand à Paris. Il vient de passer le réveillon du 31 décembre à Latche, avec les siens. Le Dr Tarot l'accompagne, ainsi que son chien Baltique. Je les accueille à leur descente d'avion. Une fois dans la voiture, nous nous dirigeons vers la clinique à Saint-Denis.

À minuit, François Mitterrand subit une batterie d'examens : IRM, scanner, échographie...

Plus d'une heure après, nous pouvons enfin rejoindre son domicile.

L'ancien président de la République est exténué. Il souffre. Assis derrière lui, Jean-Pierre Tarot tente d'apaiser ses douleurs en lui massant les épaules : « Ne vous inquiétez pas, ça va aller », lui murmure le médecin.

« J'ai froid, j'ai froid », répète François Mitterrand. On le couvre d'un plaid.

« Qu'ont-ils découvert ? » finit par demander François Mitterrand à Jean-Pierre Tarot.

« Ça commence à atteindre le cervelet, monsieur. Mais, cela se traite bien par la chimiothérapie.

– Je ne veux plus de ces traitements. J'en ai assez. Quels seront les premiers symptômes ?

– La paralysie puis l'aveuglement, monsieur.

– Dans combien de temps, docteur ?

– Si on ne fait rien, monsieur, cela peut venir très vite.

– C'est irréversible ?

– Mais non.

– Jean-Pierre Tarot, vous êtes en train de me mentir. Le professeur vous a parlé plus longtemps que ça. Dites-moi la vérité. »

Brisant le silence qui suit, François Mitterrand se tourne vers moi et me dit : « Bon, je sais ce qu'il me reste à faire. »

À partir de cet instant, François Mitterrand ne dit plus un mot. Il n'est que souffrance, se plaignant d'avoir froid. Et je viens de comprendre, à cause de cette dernière phrase, que plus jamais je ne le conduirai.

Nous arrivons avenue Frédéric-le-Play. S'adressant à Jean-Pierre Tarot, François Mitterrand lui lance d'une voix ferme : « Allez, descendez, laissez-moi. »

Puis : « Pierre, on s'en va. Roulez.

– Mais, monsieur, c'est impossible. Nous sommes chez vous. Vous avez froid. Il faut rejoindre le Dr Tarot. Il faut rentrer.

– Je vous ai dit de partir, d'avancer, c'est clair. » Le ton est de plus en plus ferme, sans réplique.

« Non, monsieur, franchement, je n'ai pas le droit. S'il vous arrive quoi que ce soit, je ne me le pardonnerai pas. Il vous reste cinq mètres à faire à pied et vous serez chez vous, au chaud.

– Alors, vous aussi, Pierre, vous ne m'obéissez plus. Avant vous n'auriez pas discuté. Mais je vous comprends, je ne vous en veux pas. Rentrons. »

François Mitterrand descend du véhicule. Un membre de la sécurité est à ses côtés pour l'aider. Il pénètre dans cet immeuble dont il ne sortira plus.

Je reste accroché à mon volant. Comment ai-je pu lui désobéir ? C'est la première fois en vingt-cinq ans. Je suis profondément malheureux. Partagé entre la certitude d'avoir agi sagement et le sentiment d'avoir peut-être manqué de courage. Et si François Mitterrand avait simplement désiré que nous fassions ensemble une dernière balade en voiture dans le Paris nocturne, comme au bon vieux temps ? Et si... ? Ce souvenir me hante toujours. Ai-je bien fait ? Personne ne peut répondre à cette question. D'une certaine façon, ce soir-là, nous nous sommes dit adieu.

1

La cérémonie du départ

« Voici les clés de la voiture, excuse-moi, je n'ai pas eu le temps pour la vidange, mais en revanche le plein d'essence est fait ! » Cette phrase je l'ai lancée, goguenard, au chauffeur de Jacques Chirac, un certain 17 mai 1995, soit douze jours après l'élection du nouveau président de la République. Cette date restera gravée à tout jamais dans ma mémoire, évidemment, et pourtant ce jour-là fut pour moi un jour presque comme les autres.

En me levant ce matin-là pour conduire une dernière fois le Président à l'Élysée, je ne mesure pas vraiment qu'une page, longue de deux septennats, va se tourner à tout jamais. Mon seul véritable souci : que mon indiscutable émotion ne me fasse pas rater la sortie en abîmant la voiture sur le portail de l'Élysée... par exemple ! Comme depuis bientôt quatorze ans maintenant, je me rends donc au Palais pour chercher la voiture présidentielle.

Ensuite, je prends la direction du quai Branly, de ces appartements qui au fil des années me sont devenus particulièrement familiers. Ma femme et moi y occupions un logement de fonction que nous rendrons en juillet

1996. J'arrive dans l'appartement de François Mitterrand, qu'il n'habitera plus jamais à compter de ce jour. La totalité de ses affaires personnelles a été déménagée ces jours derniers. Un dernier regard pour ces lieux chargés de souvenirs, et je repars vers l'Élysée.

Ce trajet que j'ai effectué des milliers de fois me semble tout à coup bien triste. « Une page se tourne », me dira François Mitterrand quelques heures plus tard. J'étais assez inquiet, car la veille le Président subissait de plein fouet les assauts du mal qui le rongeait : j'espérais que de ce point de vue tout se passerait donc bien. Cette inquiétude, nous l'avions partagée avec le Dr Tarot les jours précédents. En moi-même, je ne cessais de répéter : pourvu qu'il puisse terminer son mandat dignement.

Comme deux complices

Cette relative indifférence à l'événement proprement dit, je la dois peut-être au Président en personne. Lui, c'est depuis janvier dernier qu'il s'y prépare, lorsqu'un jour dans la voiture il me dit : « Il serait souhaitable qu'il y ait en France une alternance politique, y compris au sommet de l'État. » Les faits, c'est-à-dire l'élection de Jacques Chirac, lui ont donné raison. Certes, son cœur le portait vers les socialistes, mais depuis longtemps, bien avant le début de la campagne électorale, le Président connaissait l'identité de son successeur. Il l'avait en quelque sorte sinon choisi, du moins pressenti.

Je me rappelle ainsi qu'en août 1994, lors de la célébration du cinquantième anniversaire de la Libération de Paris, le président de la République, le premier ministre Édouard Balladur et le maire de Paris Jacques Chirac se sont retrouvés sur le parvis de l'Hôtel de Ville. Or, manifestement, le Président et Jacques Chirac sont heureux de se retrouver pour la circonstance. Le président de la République revoit, semble-t-il, avec plaisir son ancien premier ministre alors maire de Paris. Je note alors comme un fort courant de sympathie entre les deux hommes. Jacques Chirac, comme c'est l'usage, invite le président de la République à se rendre dans son bureau pour signer le livre d'or de la ville. Ils se parlent comme deux vieux amis, échangent rires et sourires devant un Balladur qui, resté seul sur le parvis de l'Hôtel de Ville, est manifestement atterré par cette complicité qui le relègue au simple rang de spectateur. Le premier ministre cache à grand-peine son agacement.

Une fois revenu à l'Élysée en cortège officiel, je me replace comme à mon habitude dans le parc, prêt à effectuer une sortie discrète. Sur le chemin qui nous ramène quai Branly, je dis au Président, à propos de cette rencontre : « Vous aviez l'air de bien vous amuser avec le maire de Paris.

– Pierre, M. Chirac est un homme sympathique et plein de cœur », me répond-il, en ajoutant immédiatement : « D'ailleurs, je préfère les hommes de cœur aux hommes de tête. »

J'ai donc su à ce moment précis quel était son candidat à droite : dès cette date, il avait choisi le candidat Chirac contre le candidat Balladur. À partir de là, il eut à l'égard de Jacques Chirac une attitude plus amicale, plus conciliante. Entre août 1994 et mai 1995, les deux hommes, du fait de leurs fonctions officielles, se sont rencontrés à de multiples occasions. On sentait alors l'engouement du Président pour Jacques Chirac et, à mon sens, la joie qu'éprouvait ce dernier à le rencontrer, toujours inquiet de sa santé.

Quant à l'identité du candidat de la gauche, elle ne faisait pas de doute pour le Président : ce serait Jospin. L'« éternel » Rocard ne pouvait être sérieusement candidat, pas plus que Fabius. À propos de ce dernier et de Jospin, le Président s'irritait souvent de la filiation que s'attribuaient les deux « fils naturels de Mitterrand ». « Mais enfin, me disait-il, j'ai déjà deux fils et cela me suffit amplement ! » En fait, il parlait peu de Jospin. Pour la bonne et simple raison qu'il avait autour de lui une petite cour qui le haïssait littéralement. D'ailleurs, les deux hommes ne se voyaient plus, et il a fallu toute la diplomatie de certains conseillers et amis du Président pour que des retrouvailles aient lieu à l'Élysée.

À moi, simple militant de base, il semblait important que le candidat du PS d'abord et de toute la gauche ensuite ne rompe pas tous les ponts avec le président de la République. Mais d'un côté Lionel Jospin voulait se détacher de la « mitterrandie ». De l'autre, le Président avait reçu comme un affront la fameuse petite phrase de son ancien ministre de l'Éducation nationale sur le « droit d'inventaire ». Pour ma part, je n'y ai jamais vu autre chose que des paroles de campagne électorale, de celles qui vont au-delà de ce que l'on pense vraiment. Il fallait évidemment que Jospin fasse entendre sa différence par rapport aux deux septennats écoulés. Inutile de dire que les proches conseillers du Président prenaient un malin plaisir à amplifier voire déformer sa démarche. J'ai toujours trouvé regrettable que l'entourage du Président n'ait pas essayé d'atténuer l'incident et le contentieux entre les deux hommes.

Quoi qu'il en soit, cette rencontre dont la presse n'a pas eu connaissance eut enfin lieu, après une remise de médailles dans un salon privé, bien avant l'annonce des candidatures officielles. Car le Président savait que Jospin pouvait réussir. Mais fondamentalement il ne pensait pas qu'un socialiste lui succéderait. Il voulait que la vie politique connaisse un nouveau tournant.

Quant à la candidature de Jacques Delors, il est incontestable qu'elle avait un moment séduit François Mitterrand. À ses yeux, il aurait été un successeur parfaitement honorable et souhaitable. Mais Delors, lui, ne se décidait pas, laissant les choses traîner en longueur là où il aurait fallu prendre une décision capitale. Le PS, en ordre de bataille, ne pouvait se satisfaire de ces atermoiements incongrus. Et la candidature de Lionel Jospin semblait beaucoup plus affirmée. L'attitude de Jacques Delors en ces circonstances irritait fortement un François Mitterrand pourtant bien disposé à son égard. Alors qu'un jour je lui faisais part de mon inquiétude quant à l'irrésolution de ce candidat, François Mitterrand me fit cette réponse empreinte de regret : « Il voudrait être un président nommé par avance et non pas élu. Il a peur de ne pas disposer d'une majorité une fois arrivé à l'Élysée. Mais une majorité, cela se cherche et cela se trouve. »

Les événements lui ont donné raison.

« Bien joué, Pierre ! »

Mais revenons à cette mémorable journée de la passation de pouvoir. Mon principal problème résidait dans le choix de la voiture officielle dans laquelle le Président, son épouse et moi-même sortirions de l'Élysée ! Quelques semaines auparavant, j'avais rencontré les représentants de chez Citroën, qui déjà commençaient à lorgner vers l'Élysée : depuis 1981, en effet, le parc présidentiel ne comptait presque plus que des Renault. Certes, selon l'usage établi, le premier ministre Édouard Balladur avait déjà alloué une Safrane à François Mitterrand, en sa qualité future d'ancien Président. Mais une seule voiture ne suffirait évidemment pas, notamment dans le cas des déplacements en province qu'il ne manquerait pas d'effectuer, à Latche ou ailleurs. Il me fallait donc trouver un second véhicule. D'où cette rencontre avec les représentants de la marque aux chevrons. Je leur ai clairement mis le marché en main : « Si Tonton quitte l'Élysée en Citroën, il faut que vous me garantissiez qu'il recevra de votre part une voiture à vie ! » Le marché fut conclu assez rapidement. Je ne compris que trois jours plus tard, en découvrant dans la presse la nouvelle campagne publicitaire de Citroën. On y voyait François Mitterrand sortant en voiture de l'Élysée avec cette simple mention : « Au moment des grands départs, il est bon de savoir que l'on peut compter sur sa voiture... » Inutile de préciser que cela ne figurait pas dans le contrat passé. Quelques jours après, dans la voiture, le Patron m'apostrophe : « Dites donc, Pierre, vous avez touché combien pour cette publicité ? » Moi, offusqué : « Mais rien du tout, je vous assure, je n'étais même pas au courant. » Je lui explique alors la tractation initiale avec Citroën. « Vous avez bien joué, me dit-il, mais j'ai du mal à croire que vous n'avez rien touché ! » En fait, il était persuadé de mon honnêteté, mais l'affaire le fit beaucoup rire et il aimait me taquiner Fondamentalement, il était très heureux de ce second véhicule qui lui faciliterait la vie.

Retour à la maison mère

La passation des pouvoirs a donc lieu, selon le protocole établi. Pendant ce temps, Danielle Mitterrand est sortie pour la dernière fois, elle aussi, de son bureau élyséen. Fidèle à sa légendaire discrétion et pour échapper à des photographes trop empressés à son goût, elle vient s'asseoir dans la voiture. J'ai le très net sentiment que pour elle aussi la page est définitivement tournée. « Ça y est, Pierre, me dit-elle, c'est une grande période qui s'achève. Je pense que François est content de pouvoir terminer ce second septennat sans grands encombres. » Quant à moi, j'ai presque une petite larme en voyant mon épouse, intendante adjointe à l'Élysée, qui, comme tout le personnel, assiste à l'événement depuis sa fenêtre. Je la sens malheureuse de « notre » départ, se demandant quand elle reverra François Mitterrand. Parmi ce personnel élyséen, certains socialistes pur sucre vont très rapidement se transformer, comme il se doit, en chiraquiens de la première heure – c'est humain. Je quitte sans trop de regret au fond cet environnement professionnel si particulier : quatorze ans, c'est long !

Danielle et François Mitterrand montent à bord de la fameuse Citroën, le Dr Tarot est assis à mes côtés. Juste à la sortie du palais présidentiel, nous découvrons une centaine de militants et de sympathisants socialistes groupés sur les trottoirs et qui applaudissent le président sortant. « Dans quelques mois, ils ne se souviendront plus de moi » a murmuré François Mitterrand, comme s'il voulait déjà conjurer un désamour qu'il redoutait. Je pense qu'il avait peur que l'on ne parle pas de lui comme d'un grand président de la République. Et il ajouta : « D'ailleurs, ceux qui m'ont le moins connu et le moins aimé parleront le plus de moi. »

Comme prévu, nous prenons la direction de la rue de Solférino, où les dirigeants et les permanents du PS attendent Tonton. Et, pour la première fois depuis bien longtemps, le trajet s'effectue sans motard, comme il l'avait souhaité. À notre arrivée, nous découvrons une rue de Solférino envahie par un millier de militants venus soutenir « leur » Président. Ce dernier est accueilli par le premier secrétaire de l'époque, Henri Emmanuelli. J'ai l'impression de revoir Mitterrand quinze ans auparavant. Il revient dans « son » Parti, au contact de ces gens avec lesquels il a vécu des moments intenses. Là, il redécouvre qu'il est chez lui. Ce bonheur se voit sur son visage. Après un entretien en tête à tête avec le premier secrétaire, il s'adresse à cette petite foule fervente, du haut d'une petite tribune dressée pour l'occasion : « En 1981, dit-il notamment, je vous avais dit que je reviendrais. Me voici parmi vous ! » L'émotion des militants est visible. Des larmes coulent sur des visages bouleversés. L'instant est historique pour le PS, chacun le sent bien. Et pour Tonton c'est également une façon de tourner la page après la campagne de Lionel Jospin au cours de laquelle, comme je l'ai déjà dit, les incompréhensions se sont multipliées entre les entourages des deux hommes.

Durant ces deux heures de retrouvailles, Tonton n'en finira pas de serrer les mains qui se tendent. Contrairement à ce qui a pu s'écrire, il sait parfaitement qu'une collecte a été organisée au sein du PS pour lui offrir un cadeau sous la forme d'une Twingo. On verra par la suite que cette petite voiture n'aura en fait qu'une seule et unique propriétaire chère à son cœur : c'est Mazarine, en effet, qui s'en servira ! Il ne reviendra cependant plus jamais rue de Solférino, comme si le charme était définitivement rompu.

J'en veux d'ailleurs un peu à l'équipe dirigeante du PS de n'avoir pas voulu réellement organiser un rapprochement durable. François Mitterrand et Lionel Jospin ne se sont revus qu'une seule fois, quelques semaines avant la mort de Tonton, à son domicile parisien de l'avenue Frédéric-le-Play. Et je peux dire que cette rencontre fut chargée d'émotion. Ce n'est d'ailleurs pas un hasard si, depuis juin 1997, dans son bureau de premier ministre, à Matignon, Lionel Jospin n'a qu'une seule et unique photo : celle sur laquelle éclate la complicité qui les liait. Ce simple fait parle beaucoup plus que tous les effets de tribune et les déclarations à l'emporte-pièce des habituels « porte-flingues » de l'entourage d'un homme politique.

Pour ma part, au-delà des propos de campagne et des exagérations militantes, j'ai toujours conservé de l'attachement pour Lionel Jospin. J'ai connu ce dernier en 1977. Et, depuis cette époque, j'ai toujours su que Tonton aimait Lionel. C'était dans l'ordre des choses que le « fils » se détache du « père » à un moment donné pour prendre son envol. Il n'en reste pas moins que les liens les plus forts demeurent à tout jamais, bien au-delà du combat politique et de ses inévitables surenchères. J'ai d'ailleurs souvent parlé de ces relations parfois difficiles avec François Mitterrand : « Me faire ça à moi, le droit d'inventaire ! » me disait-il. Je n'avais pas de mal à le convaincre que ce n'était pas l'essentiel du propos de Jospin, qui voyait d'abord les aspects globalement positifs du bilan des deux septennats.

Le Président et le jeune homme

Quand nous quittons la rue de Solférino pour la rue de Bièvre, François Mitterrand est évidemment fatigué par ces cérémonies successives. Il se repose quelques instants puis décide d'aller déjeuner à deux pas de là, dans un restaurant algérien de la rue de Bièvre où il a ses habitudes. Se retrouvent autour de lui Danielle, Roger Hanin, Christine Gouze-Rénal et Jean-Christophe Mitterrand. Je suis installé à une table à l'écart quand je vois que de la petite foule amassée dehors se détache un jeune homme qui veut à tout prix faire signer un autographe au Président. J'essaie de le convaincre que ce n'est vraiment pas le moment, que Tonton est en famille, qu'il faut respecter son intimité. Mais le gamin, accompagné de sa petite amie, ne se démonte pas et décide de déjeuner dans le même restaurant ! Je lui fais alors promettre qu'il n'importunera pas François Mitterrand. Et ce qui devait arriver arrive : alors que l'on prend la commande, le jeune homme se lève et se dirige vers Tonton. Je m'interpose, un peu furieux, tout en informant François Mitterrand de ce qui se passe. « Laissez, laissez, me dit-il, c'est peut-être le dernier autographe que je signerai ! » Puis il s'adresse au jeune homme : « Que faites-vous dans la vie ?

– Étudiant, lui répond ce dernier.

– Et votre amie ? reprend le président.

– Elle est au chômage. »

Chacun à la table croit que l'entretien va se terminer ainsi. Mais, non, Tonton invite le jeune couple à sa table pour déjeuner. Ainsi donc, au dernier jour de son deuxième mandat présidentiel, Mitterrand s'est retrouvé devant un couscous avec deux jeunes inconnus. La conversation a roulé sur les sujets les plus quotidiens : la fac, le travail... Le jeune homme n'avait de cesse d'expliquer à Tonton l'admiration qu'il lui portait. Celui-ci semblait heureux de cette rencontre spontanée, débarrassée du protocole et totalement désintéressée. Le jeune couple est reparti avec son autographe. Et, en prime, une photo immortalisant l'événement.

« N'hésitez pas, prenez-la », avait lancé François Mitterrand mi-figue, mi-raisin, au jeune couple d'admirateurs. « C'est peut-être la dernière que l'on fera de moi ! »

Soit dit en passant, je devais dans les mois suivants entendre à plusieurs reprises ce genre de réflexions. Étaient-elles faussement désabusées ? Ce n'est pas certain, je crois qu'il avait cette angoisse de l'oubli des générations présentes et à venir... Quoi qu'il en soit, alors que François Mitterrand les avait incités à le tenir au courant de leur évolution professionnelle, ils n'ont sans doute pas osé donner ensuite signe de vie. Mais depuis la mort de François Mitterrand, j'ai revu ce jeune homme, notamment lors de cérémonies anniversaires. Cette discrétion et cette fidélité-là me touchent, je dois l'avouer. Entre-temps, il est tout naturellement devenu un militant actif du PS !

Mesquinerie élyséenne

Après le déjeuner, Tonton rentre rue de Bièvre. Quant à moi, je m'installe non loin de là, à l'angle de la rue des Bernardins et du boulevard Saint-Germain, au *PSG*, un café où j'avais mes habitudes. Je discute avec le reste de l'équipe chargée de la sécurité de l'ex-président sur la façon dont nous allons travailler dans cette configuration nouvelle et inédite pour nous. Et, pour la première fois depuis le début de cette journée, je réalise vraiment qu'une page vient de se tourner, que nous avons franchi le pas. J'en profite pour appeler mon épouse à l'Élysée. Elle me confirme, en riant, ce que nous pressentions depuis une quinzaine de jours : là-bas, tout le monde est devenu RPR.

Quelques jours plus tard, nous allions d'ailleurs rire un peu jaune à propos de cette situation. En effet, des autorités militaires très zélées s'avisèrent que la femme du chauffeur de Mitterrand ne pouvait demeurer à l'Élysée ! Or j'eus très vite l'occasion de rencontrer Jacques Chirac en lui portant un courrier de François Mitterrand. Comme à son habitude, il me demande des nouvelles du « patron » – c'est ainsi qu'il appelait Tonton devant moi. Il m'interroge ensuite sur mes enfants et ma femme. Je lui raconte alors ses mésaventures. « Qu'est-ce que c'est encore que cette histoire ? me dit-il alors. Faites-moi un petit mot et je verrai ce qu'il en est. » Une semaine plus tard, ma femme est convoquée par ses supérieurs qui feignent l'étonnement, s'indignent que l'affaire soit remontée jusqu'au Président. « Restez tant que vous voulez », fut la conclusion d'un échange qui en dit long sur les réflexes monarchiques de certains de nos militaires républicains qui se veulent plus royalistes que le roi !

Au *PSG*, les conversations vont bon train et les habitués m'interpellent gaiement : « Quel dommage qu'" il " n'ait pas pu se représenter... Un peu plus et nous avions un nouveau Mao ! » Le départ de Tonton les mettait manifestement en verve, mais on sentait poindre de l'affection à travers les plaisanteries. La fin d'après-midi arrive et je conduis François Mitterrand avenue Frédéric-le-Play, dans ses nouveaux appartements qu'il partage désormais avec Anne Pingeot. Le soir, comme ce sera très souvent l'habitude, Mazarine viendra le rejoindre pour un dîner commun.

2

Mon chemin vers François Mitterrand

Mais commençons par mon commencement ! Je suis venu au monde le 4 septembre 1943. Ma mère vivait alors dans le village de Gœtzembruck, en Moselle. Seule la verrerie est en activité, employant une partie des 1 500 habitants. Dans l'ensemble, ici, l'occupation allemande n'est pas trop mal vécue. Chaque jour ma mère se rend à Bitche avec le car pour exercer son travail d'aide-soignante à l'hôpital presque entièrement réquisitionné par les soldats allemands. C'est à Bitche qu'elle rencontre mon père qui fait partie des prisonniers de guerre de la ligne Maginot. Mais c'est à l'hôpital de Metz que je suis né, les civils n'étant pas admis à Bitche. Une naissance hors mariage qui met en émoi la famille de ma mère composée d'ouvriers catholiques très pratiquants. Informée plus tardivement de ma venue au monde, ma famille paternelle éprouve cependant les mêmes réticences à l'annonce de cette nouvelle.

En prison...

Puis vient la naissance de mon frère et j'ai un an quand la guerre se termine enfin. Nous retrouvons le giron de la famille paternelle à Paris. Mes parents en profitent pour officialiser leur union, geste d'autant plus urgent que deux petites sœurs sont arrivées entre-temps. Nous nous installons dans le Ve arrondissement, rue d'Arras, en face du cinéma Le Celtic, soit à 200 mètres d'une certaine rue de Bièvre... À cette époque, le quartier de la place Maubert a mauvaise réputation et les enfants que nous sommes ont l'interdiction d'y jouer. Mon baptême un peu tardif se déroule à l'église du quartier, Saint-Nicolas-du-Chardonnet. Viendra ensuite le temps de l'école communale de la rue de Poissy, la fréquentation de la piscine de la rue de Pontoise et les sorties à la salle de spectacles de la Mutualité. J'ai alors tout d'un petit poulbot. Mes grands-parents habitent non loin de là, rue Larray, en face de la Mosquée de Paris. Quand mon grand-père prend sa retraite, c'est mon père, déjà associé à ses affaires, qui prend sa succession. Il y gagne en aisance financière, mais n'en fait guère profiter sa famille. Ma mère s'occupe seule de nous, contrainte de jongler au quotidien avec un budget domestique des plus serrés, car mon père se révèle d'une pingrerie sans limite. Tandis qu'il mène grand train, il contraint son épouse à tenir un livre de comptes au franc près. Elle doit ainsi nous fabriquer des vêtements en taillant dans ceux qui sont trop usés... Il se conduit mal envers elle et se montre souvent violent.

Au fil de son ascension sociale, mon père est devenu de plus en plus insupportable avec les siens. Il nous mit mon frère et moi dans une pension, à Saint-Nicolas-d'Igny, un établissement religieux. Uniformes avec casquette et galons dorés, la messe tous les jours, la prière avant les cours, pas de sortie le dimanche. Cette pension m'apparut très vite comme une prison. Mais, pour les enfants de dix et onze ans que nous étions, il y avait pire encore : les tentatives d'abus sexuels perpétrés par ces « frères » abjects, vêtus d'une soutane noire. Nous avons vite appris la diplomatie et la ruse. Je me souviens encore des immenses dortoirs regroupant cinquante lits, de la lumière qui s'éteignait comme une guillotine, des lectures nocturnes à la lueur d'une torche électrique et surtout de la chambre close où dormait le « frère », lieu de tous les abus et de tous les dangers... Cet enfer a duré trois ans. J'en suis sorti indemne, y compris physiquement, mais à jamais dégoûté de cette religion et de ses représentants...

Puis j'entre dans un collège d'enseignement technique, à Levallois-Perret. J'y rencontre des aînés plus ou moins fréquentables, auprès desquels mon envie de changer d'air s'exacerbe. C'est l'époque de l'insurrection hongroise, et, dans notre classe, de l'arrivée des premiers réfugiés. C'est également le retour au pouvoir de De Gaulle et, du haut de mes quinze ans, la guerre d'Algérie se traduit par le départ de mes oncles au combat. Très vite, cependant, ce conflit va me toucher plus directement. Quoi qu'il puisse m'en coûter, aujourd'hui encore, il me faut rapporter ici cette période de ma vie. Si j'ai longtemps essayé de la chasser de ma mémoire, c'est moins par honte que par souci de ne pas revivre un passé qui ne correspondait pas à ma nature profonde. Et, d'une certaine manière, c'est à travers

François Mitterrand que j'ai pu revisiter plus sereinement mes « années algériennes ». On va comprendre pourquoi.

Une jeunesse française...

Durant toutes ces années passées à assurer la sécurité de François Mitterrand, je n'ai jamais eu à me servir de l'arme que je portais sur moi en permanence. Il m'est simplement arrivé d'entrouvrir ma veste pour décourager telle ou telle attitude agressive, durant des meetings notamment. Mais les choses ne sont jamais allées plus loin et je ne peux que m'en féliciter.

Le maniement des armes ne m'est pourtant pas inconnu. Je l'ai même découvert assez tôt dans ma vie, bien avant de devenir un garde du corps. Pourquoi le dissimuler ? Au début des années 60, j'étais dans l'entourage de personnes qui faisaient partie de l'OAS, cette organisation clandestine aux méthodes ultraviolentes engagée dans une lutte à mort contre la personne du général de Gaulle et sa politique algérienne. C'était une période particulièrement trouble. Il fallait être pour ou contre l'Algérie française. J'étais jeune, influençable, et je me suis laissé embarquer par des copains du secteur de Belleville. On a posé des bombes un peu partout dans Paris, dont une à l'Hôtel de Ville, laquelle d'ailleurs n'a jamais explosé, certainement du fait de notre inexpérience en la matière.

Nous étions des chiens fous exaltés, sans repères véritables, capables de n'importe quoi. Pour l'adolescent que j'étais, il s'agissait d'une vie hors norme : on buvait, on faisait la fête, on allait danser à *La Coupole*, on déposait nos engins explosifs, on refaisait la fête, puis on rentrait chez nous comme si de rien n'était. Nous disposions de voitures volées avec changement de vitesse électrique au volant, comme la DS, la Vendôme ou la Versailles. C'était une sorte de rêve. Un mélange incroyable d'insouciance et d'inconscience, avec en contrepartie l'obligation de fréquenter le lycée dans la journée... mais sans aucun enthousiasme.

Un beau jour, à la suite d'une bagarre, je me suis retrouvé entre deux gendarmes. J'étais alors mineur et le choix était simple : ou je m'engageais dans l'armée ou j'allais en prison... Mes parents se chargèrent de me mettre en face de mes responsabilités. Je pris la décision de m'engager sans plus tarder, pour trois ans. Au bout de deux jours seulement, j'estime que l'armée de l'air n'est pas faite pour moi et je m'évade ! La gendarmerie me rattrape une semaine après. Cette fois-ci, la prison m'attend. Je parviens pourtant à persuader parents et autorités militaires que je suis résolu à m'engager dans les parachutistes. Marché conclu. En mars 1962, je me retrouve donc à la citadelle militaire de Bayonne, puis à la caserne Bosquet de Mont-de-Marsan. Et c'est à Pau que je passe mon brevet de para n° 201271, comme il se doit. Or la guerre d'Algérie s'achève avec le cessez-le-feu en mars, puis les accords d'Évian. Cette nouvelle donne ne plaît guère aux parachutistes : nous brûlons nos bérets rouges et conduisons une petite révolte interne très vite étouffée.

L'expérience de la guerre

Quelques mois plus tard, on nous envoie en mission en Algérie. Un séjour bref et ultra-secret. Je fais partie d'une section que l'on appelle communément « les nettoyeurs ». Il s'agit tout simplement pour l'armée française d'effacer les traces les plus voyantes et les plus gênantes de la guerre, en éliminant, par exemple, les « balances », les « doublures » et autres « bavards »... Je me revois maintenant comme une sorte de Rambo, fier de son casque lourd, de ses rangers et de son armement. On se déplaçait en hélicoptère par groupes de neuf soldats plus un gradé, pour mener à bien nos sales missions. Elles duraient deux jours. Puis nous nous reposions quatre jours dans la caserne de Blida, sans permission de sortie, mais avec suffisamment de bière pour attendre la prochaine mission. J'ai longtemps effacé de ma mémoire ces souvenirs dont je n'avais jusqu'à ce jour jamais parlé.

Quelques semaines plus tard, nous rentrons en France, d'abord à Verdun avec le 2e REP, puis à Mont-de-Marsan. Je m'y ennuie profondément avant de devenir tireur de missiles pour Matra. Il s'agissait d'effectuer des exercices de tir réel sur des cibles de démonstration pour convaincre les acheteurs potentiels des qualités de ce matériel. C'était en juillet 1963 et j'avais 20 ans . Ma vie se partageait alors entre ces exercices et les « cuites » mémorables que nous prenions entre soldats, histoire certainement d'oublier la grisaille de notre quotidien. C'est ainsi que mon contrat avec l'armée a pris fin en 1964, avec, comble pour un engagé, une superbe « quille ». Depuis, je suis devenu un antimilitariste tranquille, ayant de l'armée française et singulièrement de sa hiérarchie une opinion que je préfère taire, ne serait-ce que pour rester en bons termes avec mon épouse qui, elle, est... militaire ! Inutile de dire qu'après l'armée, je n'ai plus revu aucun des membres de l'OAS que j'avais fréquentés.

Entre lui et moi

Par la suite, il m'est arrivé d'évoquer ma courte période algérienne avec François Mitterrand.

« C'est un peu à cause de vous, tout ça, lui disais-je.

– Mais, à l'époque, me répondait-il, l'Algérie, c'était la France.

– Peut-être, mais de Gaulle nous a trompés.

– Vous avez raison, Pierre, mais il en a trompé plus d'un, et on ne peut pas me faire des reproches pour mes actions passées, c'est injuste. »

Puis François Mitterrand a fait le parallèle entre le jeune homme que j'étais au moment de la guerre d'Algérie et celui qu'il était sous l'Occupation. Il m'a ainsi raconté qu'il était allé à Vichy parce qu'il avait besoin de travailler. « Comme vous, m'a-t-il dit, je me suis retrouvé prisonnier d'un système auquel fondamentalement je n'adhérais pas et j'ai fini par me réveiller, c'est-à-dire par rompre avec ce système. » Quant à la fameuse francisque qui lui fut remise, il relativisait cette décoration en assurant qu'il s'agissait d'une sorte d'automatisme : les autorités de Vichy s'empressaient d'enrôler par cet ornement tout fonctionnaire qui acceptait l'autorité du gouvernement.

La proximité de nos deux parcours, ces errements de jeunesse m'ont rendu philosophe : il est difficile de juger les comportements dans des périodes aussi troublées, surtout lorsqu'il s'agit d'adolescents dont le bon sens peut être obscurci par l'air du temps et ses mirages. L'important alors, c'est de ne pas persister dans l'erreur. Mieux vaut se rendre compte que l'on s'est trompé, que l'on a été abusé. Mieux vaut changer d'avis comme François Mitterrand et moi-même l'avons fait dans des circonstances certes différentes, mais comparables à plus d'un titre. Les donneurs de leçons devraient être plus modestes. Personne ne peut prétendre à l'infaillibilité.

Mes premiers pas en politique

Mai 1969. Le général de Gaulle vient de quitter la présidence de la République. Alain Poher, président du Sénat, assure l'intérim, tout en préparant sa propre candidature. C'est dans ce contexte que je décide de proposer mes services à ce candidat que j'estime digne d'intérêt. Je me rends donc rue de Vaugirard, à son PC de campagne, comme l'on dit : un bâtiment de quatre étages qui appartient à la société des... Laiteries parisiennes ! Je découvre une ruche bourdonnante d'activités aussi passionnantes que le collage d'enveloppes, mais la démocratie est à ce prix. Il règne dans ces bureaux un silence presque monacal : comment bavarder quand on a la langue pendue au dos d'une enveloppe pour en humecter la colle ? Je poursuis mon chemin et me trouve nez à nez avec un homme d'une quarantaine d'années qui, sans autre forme de présentation, me lance d'un ton péremptoire :

« Ah ! Salut ! Va me chercher les timbres rapidement. Ça gueule en bas. » Dans la foulée, il me tend une énorme enveloppe en papier kraft sur laquelle sont inscrits le nombre et le type de timbres désirés. « Et n'oublie pas de faire tamponner la facture. À tout de suite. Merci ! »

Je reste pantois devant ce personnage qui me tend sans aucun doute une enveloppe bourrée d'argent liquide et me prend pour un habitué des lieux. Dois-je lui avouer ma situation ? Et dire que je ne sais même pas où se trouve le bureau de poste le plus proche. Pris de panique, incapable de détromper mon interlocuteur, je bredouille un « À tout de suite » en prenant l'enveloppe.

Une fois dans le couloir, je suffoque et je vérifie mes craintes : l'enveloppe est remplie d'une très grosse somme d'argent. Quitte ou double, me dis-je en moi-même. On veut te tester, mon garçon, il faut relever le défi ! Le plus naturellement du monde, du moins je le crois, je demande à la dame de l'accueil de bien vouloir m'indiquer le bureau de poste voisin. Arrivé sur les lieux, je constate que ma démarche n'a rien d'exceptionnel. Un responsable me reçoit, prend l'enveloppe, me tend un paquet de timbres et signe le reçu. Quelques minutes après, je me retrouve sur le trottoir, fier de ce que je considère comme un exploit. Certes, je n'ai jamais songé à subtiliser cet argent, ce qui pourtant aurait été un jeu d'enfant. Ce n'est pas ainsi que j'ai envie de régler les problèmes financiers qui m'accablent moi et ma petite famille. Mais un autre que moi aurait pu profiter de ces dizaines de milliers de francs confiés à un inconnu dans le feu de l'action militante.

Avant Tonton, Papy

Je retourne voir mon imprudent inconnu qui, s'apercevant de son erreur, se confond en excuses et en remerciements. Cette drôle d'histoire a au moins le mérite de poser ma loyauté comme un fait acquis, indiscutable. J'en profite pour formuler enfin la raison de ma présence dans ce local de campagne : « Il me serait agréable de mettre mes compétences commerciales à votre service, lui dis-je. Tout ce qui concerne les relations publiques m'intéresse également. » Il me demande un instant et s'absente du bureau. En moi-même, je me trouve particulièrement « gonflé ». Quoi, moi qui ne connais rien ou presque à la politique, moi qui serais bien incapable de citer dix noms de ministres, je viens faire le fier au siège d'un candidat à la présidence de la République ? Non vraiment, je ne manque pas d'air.

Mais mon interlocuteur vient me chercher pour me conduire dans un vaste bureau. Je découvre là un petit homme aux allures de papy rondouillard et moustachu, aux cheveux gris et au regard perçant. D'entrée de jeu, je suis séduit par le ton musical de sa voix séduisante. « Bonjour, me lance Alain Poher, je suis heureux de vous compter parmi nous. L'histoire que l'on vient de me raconter sur vous ne laisse aucun doute sur la valeur de votre engagement à mes côtés. Bienvenue à bord et merci encore ! » Il me serre alors la main tout en me tapotant l'épaule. Me voici donc adoubé. Mon entrée en politique s'est déroulée comme dans un rêve.

Rapidement, on me charge des relations avec la presse. Je dois notamment aider les organisateurs des meetings du candidat à mettre en place les espaces réservés aux journalistes. Tâche bien plus délicate qu'il n'y paraît à première vue. Il y faut de la diplomatie et du doigté pour éviter qu'untel ne se retrouve assis à côté de son ennemi mortel, sans oublier que tel autre craint la lumière ou redoute d'être trop loin de la buvette.

été, il faut choisir entre le bruit assourdissant des trains et la chaleur étouffante des vitres fermées. Le paradis, en somme ! J'emménage donc rue des Lilas, ces derniers ayant depuis longtemps déserté un environnement aussi triste que bétonné. J'ai la nostalgie de mon jardin fontenaisien dans lequel s'ébattaient Dick, mon gros berger allemand, et mon paon, hôte insolite d'un immense peuplier. Je ne pense plus à la politique.

Quant à mon métier d'inspecteur d'assurances, il me déprime au plus haut point. Vendre du vent à des gens qui ont à peine de quoi s'acheter une baguette de pain vous rend facilement neurasthénique, pour peu que votre conscience soit en éveil. Heureusement, je trouve refuge auprès de mes deux copains Hervé et Michel. Au *Sully*, un petit café du Faubourg Saint-Denis, nous formons un trio infernal, à coups de parties de poker et de tarot. Je passe plus de temps avec eux qu'auprès de mes clients. Mais je pressens à l'époque que cet environnement peut m'être fatal : l'argent du jeu, les prostituées du quartier avec qui nous déjeunons régulièrement, etc. Je préfère donc m'en détourner avant de me retrouver derrière les barreaux.

La rose au poing

À la fin de ces années 60, je me concentre sur ma vie familiale. Je suis ainsi un fervent supporter de mes enfants qui participent aux matchs de football des Lyons d'Alfortville ou de l'UJA, le club de la communauté arménienne. Au cours de ces manifestations sportives, je rencontre d'autres parents qui deviennent des amis et je côtoie quelques élus locaux chargés de remettre des médailles. Au début de l'année 1971, les premières affiches électorales commencent peu à peu à recouvrir les murs de ma ville pour cause d'élections municipales. Le maire, un certain Joseph Franceschi, se représente devant ses électeurs : je le découvre pour la première fois à travers ses affiches électorales. Il paraît même que François Mitterrand vient de créer un nouveau parti nommé Parti socialiste...

Ça colle !

Au départ, l'idée d'un nouvel engagement politique ne me séduit guère. La cicatrice de la campagne pour Alain Poher est encore très fraîche. Mais, peu à peu, je sens en moi le désir de me lancer dans la bataille, comme si le virus était plus fort que tout. Et puis, cette fois, choisir une famille politique se révèle relativement facile. Je rejette aisément le candidat du parti du Président qui nous avait battus ainsi que celui d'un Parti communiste encore marqué par le stalinisme et le coup de Prague. Seul m'attire ce maire sortant, porteur d'idées nouvelles et d'espoir.

Je décide donc de faire campagne, mais de façon solitaire, car je ne suis pas certain que les équipes de Franceschi, déjà constituées d'ailleurs, me verraient arriver d'un très bon œil. Et c'est d'abord pour la personnalité de Joseph Franceschi et pour elle seule que je décide de m'engager. Un charme et une véritable force de conviction émanent de cet homme aux allures de Napoléon et à la mine renfrognée. Quant à son entourage, sa cour pourrait-on dire, il me fait un peu trop penser à celui d'Alain Poher. Et puisque d'un candidat à l'autre rien ne semble changer de ce point de vue, je prends la décision de coller quelques affiches et affichettes dans mon quartier sans rien demander à personne. Un militantisme local et solitaire, en quelque sorte. Uniquement pour « Joseph », comme nous l'appelions entre nous et jamais devant lui : j'attendrai bien des années pour l'apostropher ainsi, avec la certitude cette fois de n'encourir aucun reproche de sa part.

Quoi qu'il en soit, le maire sortant gagne ces élections avec brio, et c'est dans un hôtel de ville en folie que je me rends pour entendre la proclamation des résultats officiels. La fête se poursuivra tard dans la nuit, dans les rues et les cafés d'Alfortville. C'est dans l'un d'eux, *Chez Philippe*, véritable point de rencontre de la puissante communauté arménienne, que Joseph Franceschi m'adresse pour la première fois la parole. Il me demande simplement ce que je fais dans la vie et notre conversation s'arrête là. Je ne perçois chez lui aucun prosélytisme politique à mon égard. Mais peut-être a-t-il senti que je ne suis pas prêt à franchir le pas de l'adhésion à ce Parti socialiste qui vient de naître et dont il se réclame. L'histoire lui a d'ailleurs donné raison, puisque je ne prendrai ma carte du PS qu'un an plus tard, après de mémorables élections législatives.

Inventeur par hasard

Ces élections de 1973 furent pour moi une période d'intense activité tant professionnelle que militante. Au cours de mes visites pour placer des contrats d'assurance-vie, je rencontre le directeur général d'une importante entreprise de travaux publics, M. Labalette. Nous avons presque le même âge et nous sympathisons. Il en vient à me parler de problèmes techniques qu'il rencontre dans son entreprise. L'usure prématurée des pales qui servent à malaxer le béton lui donne quelques soucis. Je ne connais rien au sujet, mais je décide d'appeler un ami, ouvrier civil au camp militaire de Satory, qui m'avait parlé d'un caoutchouc inusable utilisé pour les pneus des chars d'assaut. Sans rien lui dévoiler de mes intentions, je lui demande de m'en faire parvenir un morceau. Après un peu de bricolage, je retourne voir mon ami Labalette et lui fais part, avec un peu d'appréhension, de ma « trouvaille ». Or cette dernière enthousiasme ses équipes techniques qui l'adoptent sur-le-champ. Le néophyte que je suis a trouvé le moyen d'augmenter considérablement la durée de vie des fameuses pales.

Je n'en reste pas là et je prends la décision de créer ma propre affaire avec un associé bordelais, pour exploiter mon invention. Ma vie change du tout au tout et je découvre un environnement professionnel, celui du BTP, qu'il m'arrive encore de regretter. J'y ai côtoyé en effet des gens très agréables, souvent dotés d'un grand sens de l'écoute et du dialogue. J'exercerai cette activité durant plus de cinq ans, avec d'autant plus de facilité que, de La Défense à Fos-sur-Mer, la France s'urbanise et s'industrialise fortement. Et pour prenante qu'elle soit, cette nouvelle fonction d'entrepreneur me laisse du temps libre que je décide de consacrer à la préparation de ces élections législatives dont chacun pressent l'importance.

Un militant heureux

Chaque nuit donc, je sors seul dans les rues d'Alfortville avec mon seau de colle pour tapisser les murs de ma ville, quartier par quartier et sans être inquiété le moins du monde. Un soir, tout occupé à coller mes affiches, je vois s'arrêter à ma hauteur la voiture de Joseph Franceschi. Manifestement impressionné par l'ampleur du travail, il cherche à savoir qui en sont les auteurs. Apprenant que je suis seul, il s'en inquiète et fait détacher une équipe de la mairie pour assurer ma protection. Ma tournée d'affichage terminée, les membres de cette équipe me font savoir que le candidat souhaite me rencontrer. Nous convenons d'un rendez-vous, et je me retrouve attablé avec Joseph Franceschi qui me présente son équipe.

« Il ne faut pas sortir seul, me lance-t-il, c'est dangereux, et je ne veux aucun incident durant ma campagne. Alors rejoins mon équipe, tu verras, ils sont sympathiques. »

J'accepte sa proposition avec enthousiasme. Je découvre alors un groupe impressionnant fort de cinquante personnes, composé de chauffeurs, de colleurs et de gros bras chargés de leur protection. Les petits matins froids deviennent mon lot quotidien. Nous sommes connus dans le département pour notre pugnacité et notre acharnement au travail, et rares sont les équipes concurrentes qui se hasardent sur notre terrain. Nous formons un groupe particulièrement soudé, prêt si nécessaire à se rassembler en moins de dix minutes devant l'hôtel de ville.

Un morceau de bravoure me revient en mémoire. Une nuit, nos adversaires avaient cru bon d'inonder les rues d'Alfortville de milliers de tracts à la gloire de leur candidat. Notre sang ne fait qu'un tour et nous décidons de tout ramasser dans des sacs-poubelle. C'est ensuite que j'ai l'idée de lancer une opération « retour à l'envoyeur ». En peu de temps, le parvis de la mairie adverse est recouvert par ces tracts indésirables. Notre combativité portera ses fruits : Joseph Franceschi sera élu haut la main.

Au cours de ces journées, je découvre des militants du PS unis par une solidarité sans faille et un sens inépuisable du dévouement. Tous sont évidemment des bénévoles qui sacrifient une partie de leur temps libre. Sur mon petit écran, je découvre également François Mitterrand, dont les interventions sont rares et chichement comptées. Mais il ne m'en faut pas plus pour être séduit par cet homme qui me semble avoir évolué de manière positive depuis Mai 68.

Première carte

C'est dans ce contexte plutôt euphorique que je me décide à franchir le pas : je serai donc militant du PS. J'ai vraiment eu l'impression d'entrer en religion ! Il m'a fallu, aidé par mon parrain Jean Labrousse, passer le cap de l'audition au cours de laquelle je dois faire la preuve de la solidité de mes motivations militantes. Puis la section se prononce sur ma demande. Tout cela manque singulièrement de convivialité. Il faut avoir la foi chevillée au corps, mais je me sens dans mon élément.

D'entrée de jeu, je rejoins les rangs du CERES, l'aile gauche du Parti qui conteste très souvent la ligne officielle. Je me retrouve alors en opposition avec Joseph Franceschi. Mais peu importe, ces divergences sont un moteur supplémentaire : nous nous considérons comme l'aiguillon du Parti, et ce pour son plus grand bien. Quant à Joseph Franceschi, il est parfaitement à l'aise dans son rôle de rassembleur. Un rôle indispensable dans ce parti politique où se côtoient un nombre impressionnant de petits groupes et de clans.

Ma vie professionnelle est toujours aussi florissante. Je vais même jusqu'à sous-traiter une partie de mes activités. Et j'avoue que certains militants aigris ou envieux me voient d'un assez mauvais œil au volant de grosses cylindrées.

Ma seconde présidentielle

Nous sommes en 1974. Le 2 avril, Georges Pompidou succombe à la maladie qui le rongeait. Certes, depuis plusieurs mois, de folles rumeurs ont couru sur l'état de santé du Président, mais pour autant la gauche n'est pas prête à livrer la bataille d'une élection anticipée. Sans compter que l'Union de la gauche, à laquelle j'adhère sans réserve, connaît quelques tensions inquiétantes. La direction nationale du PS décide de confier à Joseph Franceschi la sécurité et le service d'ordre de la campagne. Il fait tout naturellement appel à mes services. Les temps sont difficiles et les finances du PS ne permettent pas de mener grand train. Nous nous retrouvons à sillonner les villes de France dans des véhicules récupérés à la casse. Les meetings sont organisés à la hâte et cette impréparation se fait grandement sentir.

À cette époque, je n'approche que d'assez loin le candidat François Mitterrand. Mon rôle consiste à me fondre dans la foule pour prévenir tout incident. En revanche, je tombe immédiatement sous le charme de ce tribun hors pair. Ses propos m'enflamment, sa vision d'un monde meilleur me transporte, et j'ai parfois bien du mal à me souvenir que je ne suis pas là en simple militant. Régulièrement, Joseph Franceschi me rudoie en me rappelant à mes devoirs. J'ai l'impression, comme la plupart de ceux qui assistent à ces réunions publiques, que François Mitterrand s'adresse à moi en particulier. Sans jeu de scène, sans mouvement brusque, il captive son auditoire. Seuls un index qui se lève pour interroger ou mettre en cause, un mouvement de sourcils pour appuyer le ton ou un frottement des mains pour ironiser sur l'adversaire viennent rythmer ses propos. Sans oublier ses sourires dévastateurs qui découvrent sa denture carnassière. Et puis il y a ces yeux que l'on pourrait croire capables de terrasser l'ennemi d'un seul regard.

Arrivent enfin les résultats d'un premier tour dans lequel s'affrontent pas moins de douze candidats. La tension est grande dans le pays, il est temps que la campagne connaisse une pause. La divine surprise des plus de 43 % recueillis par le candidat de la gauche unie nous comble d'aise autant que d'inquiétude. C'est jouable, se dit-on alors, mais ce sera difficile. Pour moi, il ne fait aucun doute qu'il faut lancer toutes nos forces dans la bataille. Les quinze jours à venir s'annoncent aussi redoutables qu'épuisants. Nous reprenons la longue suite des meetings provinciaux...

Les derniers jours qui précèdent ce second tour sont épuisants. C'est long d'attendre un tel résultat au fil des meetings dans les grandes villes de France. Tout devient insupportable, depuis le goût des inévitables sandwiches mangés à la hâte jusqu'aux jerricans d'essence fournis par la mairie d'Alfortville et qu'il faut emporter par souci d'économie. Mais je garde encore en mémoire l'ultime réunion publique de ce marathon, celle de Toulouse qui se déroula dans un stade bondé. Devant un public conquis et fervent, François Mitterrand se surpasse deux heures et demie d'affilée. Ovations enflammées et silence quasi religieux rythment le discours de ce tribun hors pair. Rien, et surtout pas la pluie diluvienne qui tombe alors sur la ville rose, ne peut entamer le moral de ces militants et de ces sympathisants enthousiastes : pour eux, comme pour moi, évidemment, demain François Mitterrand sera notre Président. Nous pensons alors que la victoire est à portée de main.

Déception

VGE : 50,81 %
Mitterrand : 49,19 %

Dans la salle des fêtes d'Alfortville, le score fait l'effet d'une bombe. Joseph Franceschi, les traits tirés par la fatigue et la déception, annonce ces chiffres sans autre commentaire avant de rejoindre, dans un silence de mort, la foule des militants tristes et désorientés. Peu de temps après, il vient à ma rencontre et me lance, laconique : « Pierre, ce serait bien de ne pas perdre le contact. Je vais avoir besoin de tes services de temps à autre. Je t'en dirai plus prochainement. » Dans d'autres circonstances, cette perspective m'aurait immédiatement réjoui, mais, ce soir-là, le cœur n'y est pas...

Cependant, quelques jours plus tard, le maire d'Alfortville me demande par téléphone de le rejoindre au siège de la campagne du candidat Mitterrand, dans des locaux sans âme de la tour Montparnasse où je m'étais rendu quelquefois. À ma grande surprise, je me retrouve dans une réunion informelle, autour d'un buffet destiné à remercier les militants les plus impliqués dans la campagne du premier secrétaire. Très rapidement, Joseph Franceschi me présente à ce dernier, ainsi d'ailleurs qu'à François de Grossouvre, dont je découvrirai par la suite le rôle et les attributions auprès de Mitterrand.

« Je vous ai vu souvent à l'œuvre », me dit d'entrée de jeu François Mitterrand, « et je tiens à vous remercier pour tout ce que vous avez fait durant cette campagne. » Pris de trac devant ce compliment un brin solennel, je bredouille un rapide : « Je ne suis qu'un militant fidèle, monsieur le Premier secrétaire. » Mais il poursuit sur sa lancée et c'est lui, le candidat malheureux, qui me rassure : « Ne soyez pas trop déçu, car le mouvement perçu au cours de ma campagne va prendre de l'ampleur et nous amènera inéluctablement à la victoire. Nous nous reverrons bientôt tous les deux. Franceschi vous donnera la marche à suivre. »

Cette fois, je reste sans voix. Une poignée de main rapide, et le premier secrétaire va rejoindre d'autres invités. Sonné comme un boxeur par la rapidité de cet échange, je me retrouve discutant avec d'autres militants parisiens rencontrés au cours de la campagne. J'ai du mal à réaliser que François Mitterrand vient de me proposer de continuer à travailler à ses côtés. La soirée s'éternise et je me décide à partir. C'est à ce moment-là que, dans mon dos, une voix déterminée me lance : « Que faites-vous maintenant ? » Je me retourne et Mitterrand poursuit : « Auriez-vous la possibilité de m'accompagner avec un véhicule ? » Je suis sur un petit nuage et j'accepte, évidemment.

Nous descendons ensemble au parking. Mais je ne suis pas très fier de faire monter le chef de l'opposition dans ma vieille DS à la propreté incertaine. François Mitterrand ne semble guère s'en soucier et me dit simplement : « Emmenez-moi à Saint-Germain-des-Prés, s'il vous plaît. » Dans ce Paris nocturne et désert, nous descendons la rue de Rennes et le trajet est bref. J'ai à peine le temps de répondre à quelques questions convenues sur ma vie professionnelle, ma famille... Et pourtant, intérieurement, je brûle d'envie de l'interroger, lui, sur la défaite, l'avenir, les conditions de cette reconquête qui ne semble faire aucun doute à ses yeux. Bref, c'est le militant qui rêve de s'exprimer et non le chauffeur occasionnel que je suis alors. Mais je sens que cette conversation-là serait déplacée. Au bout de quelques minutes, je dépose François Mitterrand pour la première fois devant la *Brasserie Lipp*, un lieu qui me deviendra par la suite familier...

Une fois seul, je songe à ce qui vient de m'arriver et j'ai du mal à y croire. La tranquillité et la sérénité de Mitterrand m'impressionnent au plus haut point. Sa défaite ne semble pas l'avoir touché. Il a suffi d'un court trajet en voiture pour que ce caractère exceptionnel s'impose définitivement à moi : cet homme n'est pas tout à fait comme les autres.

Le lendemain, je reçois un étrange coup de fil de Joseph Franceschi. Je comprends très vite que, sous le prétexte de me demander comment cela s'était passé, il cherche à savoir l'adresse exacte à laquelle j'ai déposé Mitterrand. Mais j'ai déjà pris le pli : ma réponse reste très évasive. Je sais déjà, par intuition, que la vie du citoyen Mitterrand doit être dissociée de celle de l'homme politique. Il ne m'a rien demandé à ce sujet et notre accord reste tacite. Cette discrétion serait la règle de base de notre « vie commune ». Pour le plus grand agacement d'ailleurs de certains proches qui auraient bien voulu faire de moi leur informateur occulte. Or, dès le début, j'ai pris le parti de Mitterrand, avec pour seule loi celle du silence.

Après cet épisode, le quotidien a repris ses droits et j'ai attendu plusieurs mois avant que Joseph Franceschi ne fasse de nouveau appel à mes services pour accompagner François Mitterrand, dans ses déplacements en province notamment. Une visite de mairie, une réunion départementale, une Fête de la rose, une élection cantonale, les occasions ne manquaient pas. À cette époque, je ne suis ni le chauffeur de Mitterrand, puisque le poste est déjà occupé par un Nivernais, M. Jean, ni même son garde du corps officiel. On me demande simplement d'être là et de surveiller ceux qui approchent le premier secrétaire. Un rôle ingrat, en vérité, dont je garde un assez mauvais souvenir. Privé de tout pouvoir de décision et d'intervention, j'ai la nette impression d'être inutile.

Malgré tout, ce qui prédomine, c'est le bonheur, intact, de suivre François Mitterrand, de sillonner avec lui ces terres françaises qu'il connaît sur le bout des doigts, géographies physique et électorale mêlées. C'est dans ces occasions que j'ai pu me rendre compte du contact charnel qui liait cet élu du peuple avec son pays. Là où nous allons, moi, je passe inaperçu, même les services d'ordre du PS ne me connaissent pas, mais qu'importe puisque je reste auprès de cet homme que j'admire sans réserve. Et pourtant, même à son égard, il me faut faire preuve d'abnégation ! François Mitterrand, en effet, ne m'adresse pratiquement plus la parole. J'ai même la désagréable impression qu'il est à chaque fois surpris de me voir assis à côté de son chauffeur, à l'avant de la voiture qui nous transporte. Mais je ne décèle dans cette attitude ni mépris ni indifférence. Je ne fais pas encore partie du « paysage » de François Mitterrand, un point c'est tout. Ma présence à ses côtés est encore trop épisodique, trop vague, pour qu'il me considère autrement.

Canton gagnant

Pendant ce temps, ma situation professionnelle se détériore. Le secteur du BTP se porte mal et perd plusieurs milliers d'emplois en raison de l'incurie des pouvoirs publics. Certes, il me reste quelques gros chantiers qui me permettent de faire vivre ma famille correctement, mais je suis obligé de partir à la conquête de nouveaux clients. Du coup, je deviens moins disponible pour accompagner le premier secrétaire dans ses déplacements. Et ce d'autant plus qu'il me faut m'investir dans ma commune à l'occasion des élections cantonales.

À cette époque, je participe activement aux réunions du CERES qui se déroulent tous les premiers lundis de chaque mois dans les sous-sols de la mairie d'Alfortville. Ces réunions nous permettent de débattre librement des orientations politiques du PS et de critiquer nos dirigeants fédéraux et nationaux. À vrai dire, il m'arrive parfois de m'y ennuyer, surtout quand certains des participants croient devoir discourir et philosopher durant des heures.

Fort heureusement j'y rencontre des militants qui deviendront rapidement de véritables amis. Parmi eux, un jeune homme de 28 ans, Laurent Cathala, brancardier de son état. Courageusement, il s'est porté candidat dans le nouveau canton de Créteil contre le poulain du général Billotte, le député-maire gaulliste de l'endroit. Un adversaire plus que coriace pour un jeune inconnu qui n'a rien d'un notable installé. Autant dire que les dirigeants fédéraux envoient Laurent Cathala « au charbon ». Nous nous organisons pour sa campagne : le CERES, comme à son habitude, en sera le bras armé, c'est lui qui fournira l'essentiel des troupes militantes. Aguerris par les batailles précédentes, nous tenons les murs de la ville avec nos affiches. Or, contre toute attente, « mon » candidat est élu. Cette victoire me procure une joie indescriptible, à la mesure de l'énergie dépensée durant la campagne.

Je croise alors François Mitterrand de loin en loin, lors des conventions nationales ou des congrès du Parti, puisque je suis toujours membre de cette équipe de sécurité dont Joseph Franceschi assure l'existence.

À l'assaut de Créteil

En politique, une élection chasse l'autre dans un éternel recommencement. Cette fois, les municipales approchent à grands pas. À Alfortville, la position de Joseph Franceschi est claire : il est le candidat naturel et légitime de la gauche. Mais, à Créteil, la situation est pour le moins contrastée. Fort de son nouveau mandat de conseiller général, mon ami Laurent Cathala s'est porté candidat pour tenter de ravir sa mairie à l'indétrônable général Billotte. Faut-il préciser que, devant la difficulté de l'entreprise, nombre de candidats potentiels s'étaient désistés ? Il fallait beaucoup d'inconscience pour affronter ce cacique du Val-de-Marne, et la plupart des socialistes pensaient que le combat était perdu d'avance. Mais c'était sans compter sur la dynamique de l'Union de la gauche et sur celle, plus personnelle, de François Mitterrand, porteur désormais de tous les espoirs. Un jour aux côtés de Laurent Cathala, le lendemain dans l'équipe nationale de Joseph Franceschi, je ne ménage pas mes efforts. Paris, banlieue, province, on avale les kilomètres, on colle des affiches, on distribue des tracts et l'on assure la sécurité des dirigeants et des élus. Bref, personne ne voit le temps passer et c'est dans l'euphorie que nous accueillons les premiers résultats de ces élections municipales. Partout en France, des bastions traditionnellement acquis à la droite se retrouvent dans l'escarcelle de la gauche et surtout du PS. À Créteil, Laurent Cathala est en tête au premier tour, en excellente position pour conquérir la mairie. Or, des socialistes, ceux qui n'avaient pas eu le courage de mener le combat s'avisent tout à coup de contester à Laurent Cathala son rôle et sa place de leader. Ils envisagent tout bonnement de le reléguer au second plan. Fureur immédiate du premier secrétaire, François Mitterrand : « Laurent Cathala sera maire de Créteil ou Créteil ne sera pas une municipalité socialiste. » Le chef a parlé et les frondeurs capitulent sans demander leur reste. Autant dire que Laurent Cathala et moi-même n'oublierons jamais cet épisode. Le soir du second tour, il nous faudra faire le coup de poing contre des militants de droite qui, profondément dépités, veulent empêcher le nouvel élu de rentrer dans sa mairie. Mais ces mesquineries en tous genres ne peuvent gâcher une si belle victoire.

Une femme peut en cacher une autre

C'est à cette époque que je rencontre Annie, une grande et jolie femme dont je tombe éperdument amoureux. Ensemble nous avons une petite fille, Julie. Il me faut alors assumer ma double vie : d'un côté Éliane, mon épouse, dotée d'une patience d'ange, et mes deux premiers enfants, Olivier et Éric, de l'autre ce second foyer avec cette petite fille qui fait mon bonheur. « Qui a deux maisons perd la raison », selon le proverbe champenois. Pour ma part, je suis resté les deux pieds sur terre, profitant pleinement de ce double bonheur, pas toujours facile à cacher cependant dans une ville où je commence à être connu. Les vacances de l'été 1977 sont l'illustration parfaite de cette félicité. Je me partage entre mes « deux familles », toutes deux en villégiature dans la région de

Digne, à quelques kilomètres de distance. Puis la vie quotidienne reprend ses droits. Nous rejoignons Alfortville. Julie et sa maman dans un petit deux-pièces. Éliane et mes deux garçons dans l'appartement familial situé à deux pas...

Le malheur

Mais cet immense bonheur ne devait être qu'un feu de paille. Âgée de cinq mois seulement, Julie décède d'une mort subite, ce mal terrible et inexplicable qui a frappé tant de familles. Elle est morte dans mes bras, passant de vie à trépas en un instant. La terre s'ouvre devant moi. Je ne parviens pas à me séparer de ce corps qui quelques minutes auparavant respirait la vie et la joie. Je ne souhaite à personne de vivre cette épreuve inhumaine. Julie est passée comme une étoile filante, emportant un peu de moi avec elle. Ni l'affection des amis, ni la tendresse des proches ne purent atténuer mon chagrin. Mes larmes ne cessaient de couler et je repensais sans cesse à ces vacances d'été durant lesquelles, larmes et rires d'enfant mêlés, Julie s'ouvrait à la vie et aux autres. Parce que je veux aller jusqu'au bout de mon malheur et ne rien m'épargner, je décide de ramener le cercueil de Julie à Digne, chez les parents de sa maman.

Ce voyage fut mon chemin de croix. Durant le trajet, les cinq derniers mois défilent dans ma tête avec leur cortège de petits plaisirs et de grands bonheurs. Dans ces périodes dramatiques, la vie se charge de vous ramener sinon vers le rire du moins vers le réel. C'est ainsi qu'au cours d'un plein d'essence dans une station-service de l'autoroute, le pompiste, tout guilleret, me dit d'un air farceur : « Alors, c'est le départ pour la Suisse ? Sous ce paquet, il doit y avoir une fortune en lingots... » Le paquet en question n'est rien d'autre que le petit cercueil de Julie, dissimulé aux regards par une large couverture... Je sors de ma voiture, j'ouvre la portière et soulève un coin de la couverture : « Non, c'est ma fille Julie que j'emmène pour sa dernière balade. » Le pompiste ne sait plus où se mettre devant le père accablé de tristesse que je suis. Il se confond en excuses et m'offre le plein d'essence. Dans ses yeux humides, j'ai lu une immense compassion. Nous nous sommes quittés ainsi, en silence. Plus jamais, sans doute, il n'a fait de remarques à ses clients sur ce qu'ils transportaient.

Une fois à Digne, je porte le cercueil dans une chapelle ardente improvisée. Puis une messe est célébrée dans la cathédrale de la ville, à côté du cimetière où Julie va reposer. Après l'enterrement, je reste seul une grande partie de la nuit, accroché aux grilles fermées de ce cimetière. Une lourde pluie estivale tombe à verse et je ne cesse de pleurer. Mais comment survivre à son enfant mort ? Un ami finit par m'entraîner ailleurs. Le reste de la nuit, je le passe à noyer mon chagrin dans l'alcool. Le surlendemain, je vais chercher non loin de là mon épouse et mes deux garçons qui ignorent tout de mon malheur. Nous rentrons à Alfortville sans échanger un mot. Éliane sans rien me demander comprend ma détresse.

Je sombre dans une déprime prévisible. Plus rien ne m'attire, et surtout pas mes activités professionnelles que je délaisse au point de mettre la clé sous la porte. Mes clients s'affolent et pressent Éliane de questions, elle qui ne sait rien, elle qui me voit m'enfoncer sans savoir pourquoi. Je trouve dans l'alcool un refuge aussi facile que dangereux. La dépression s'installe en moi. Je ne rentre presque plus chez moi, préférant la compagnie de mes camarades de bistrot. Quelquefois, je vais dormir chez la mère de Julie, tombée elle aussi dans la dépression. D'autres nuits, je dors sous des portes cochères, ivre mort. J'en viens à me fâcher avec le peu d'amis intimes qu'il me reste. Inutile de dire que je délaisse totalement ma section socialiste. Trop occupés par les contingences de la vie quotidienne, mes camarades de parti n'ont pas le temps de s'intéresser à ce qui m'arrive. Mais comment leur en vouloir ?

Un soir d'octobre, Joseph Franceschi passe avec sa voiture dans une rue d'Alfortville. Avisant une masse sombre effondrée entre deux véhicules en stationnement, il demande à son chauffeur de s'arrêter et d'aller voir de quoi il s'agit. « Encore un chien abandonné », pense-t-il, lui dont c'est la spécialité de porter secours aux animaux errants pour les confier ensuite à des amis plus ou moins enchantés par ce cadeau !

« Monsieur le Maire, c'est Pierre Tourlier », lui lance alors son chauffeur, André Bousiot. « Il est ivre, malade. »

Joseph Franceschi vient à moi et me réconforte. M'ayant aidé à monter dans sa voiture, il me dit d'un ton chaleureux mais ferme : « Pierre, nous te ramenons chez toi. Si tu as besoin de quoi que ce soit, dis-le-moi. Mais je te veux demain matin à 9 heures dans mon bureau. »

Le lendemain, après une vraie nuit de repos et une douche salutaire qui ont permis de masquer un peu les effets et les marques de l'alcool, je me rends à l'hôtel de ville. La tête encore lourde, je pénètre dans le bureau du maire : « Que t'arrive-t-il, Pierre ? Dis-moi ce qui ne va pas. » L'homme de cœur prend le pas sur l'homme politique. Il m'écoute avec beaucoup d'attention. Malgré mes larmes et mon élocution hésitante, je parviens à lui expliquer ma situation. « Bon, me dit-il, je te donne une semaine pour te remettre sur pied et reprendre des forces, et, crois-moi, tu vas en avoir besoin pour l'emploi que je te réserve. Il faut que tu saches que je t'aime bien et que je ne te laisserai pas tomber. » Il trouve ensuite les mots pour exprimer sa solidarité et sa sympathie.

En sortant de son bureau, j'ai repris espoir, à telle enseigne que, rentrant chez moi, je passe sans m'arrêter devant ces nombreux bistrots où j'avais hier encore mes habitudes. Repos absolu, abstinence totale, vie familiale : je m'impose durant cette semaine une discipline de fer. Ma désintoxication et mon retour à la vie normale sont à ce prix. J'en profite même pour m'expliquer auprès de mes anciens compagnons de bordée qui font preuve de compréhension et me souhaitent bonne chance dans ma nouvelle vie professionnelle. Éliane et les enfants s'abstiennent de poser trop de questions, heureux de me voir redevenir moi-même. Cet amour sans réserve qu'ils me portent m'est alors d'un grand secours.

3

Naissance d’une ombre

Quand d'Artagnan rencontre Richelieu

Vient le jour de mon rendez-vous avec Joseph Franceschi. J'ai veillé à ce que ma tenue soit impeccable pour ce nouveau départ. Mais j'ignore totalement ce que « Joseph » a l'intention de me proposer, persuadé qu'il me faut profiter de cette chance pour m'en sortir définitivement. Après m'avoir fait patienter quelques instants, il me fait monter dans sa DS (immatriculée 1 J 94 !) et nous prenons la direction de Paris. « C'est bien, me dit-il, tu as meilleure mine. Il faut que tu fasses bonne impression à la personne que je vais te présenter. Ton avenir dépend de lui. »

Nous arrivons place Maubert et la voiture s'arrête devant la brasserie *L'Espoir* : tout un programme ! À l'intérieur, un petit homme chétif, barbichette et cheveux grisonnants, l'œil vif, nous accueille. Son extrême élégance me frappe d'entrée de jeu. En silence, il me dévisage, me scrute, me juge et me jauge. Puis il prend la parole.

« Bonjour, je m'appelle François de Grossouvre et M. Franceschi m'a parlé de vous. La mission que je souhaite vous confier est de première importance. Vous n'aurez pas le droit à l'erreur. Ça passe ou ça casse. Pour nous, il y va de notre crédibilité, pour vous, il y va de votre avenir. M. Franceschi m'a assuré que vous étiez l'homme de la situation, et je lui fais confiance. »

J'avoue que, sur le moment, ce personnage aux allures de Richelieu me plonge dans un abîme de perplexité. Certes, son visage ne m'est pas inconnu, je l'avais remarqué au cours de meetings, mais que va-t-il me demander de faire ? J'ai l'impression d'être dans un film d'espionnage, partie prenante d'un vaste complot. Prenant mon courage à deux mains, je me décide à lui demander ce qu'il attend concrètement de moi.

« Mon nom, me répond-il, ne vous dit peut-être rien, mais sachez que je m'occupe personnellement du bien-être de M. Mitterrand, de sa sécurité et de ses déplacements. J'ai récemment réussi à lui faire plus ou moins admettre qu'il avait besoin d'un garde du corps et vous avez le profil type. Rien n'est encore gagné, mais nous allons tenter un coup de force pour le décider tout à fait. C'est dire si tout dépend de vous. Ce travail ne sera pas donc pas aisé. Mais, croyez-moi, après les terribles épreuves que vous venez de traverser, rien ne vaut une activité professionnelle intense. »

Je regarde Joseph Franceschi avec incrédulité. La perspective de me retrouver chaque jour aux côtés de François Mitterrand me laisse sans voix. La forte personnalité du premier secrétaire et sa place sur la scène politique me paralysent d'avance. Serai-je à la hauteur ? Pour reprendre l'initiative et surmonter ma stupéfaction, je bombarde mon interlocuteur de questions précises.

« Quels seront exactement mon rôle et ma position vis-à-vis du Parti ? Quelles seront mes attributions ? Quels moyens seront mis à ma disposition pour assurer efficacement la sécurité du premier secrétaire ? »

À questions franches, réponses claires : « Vous aurez carte blanche, me répond François de Grossouvre. Pour l'instant, cette affaire reste en dehors du Parti. Elle ne concerne que François Mitterrand et moi. Depuis quinze jours, Joseph Franceschi a mis à notre disposition une voiture avec chauffeur. Mais François Mitterrand ne s'en est servi que deux fois. Le tout est de le faire changer d'avis une bonne fois pour toutes. Dans la pratique, vous serez seul avec lui, vous le suivrez partout et vous ne le lâcherez pas d'une semelle. Vous l'avez déjà un peu côtoyé, mais cette fois c'est différent, vous allez pénétrer dans son intimité. Toute la question est de savoir s'il va supporter cette intrusion permanente. Dois-je préciser que la plus grande discrétion sera de rigueur ? Vous ne devrez parler ni des gens rencontrés par M. Mitterrand, ni des lieux qu'il fréquente, c'est une règle absolue. Vous devrez user de diplomatie avec tout le monde, décourager les curieux et ne rien dévoiler à vos proches. Vous vous apercevrez bien vite que sous son apparente froideur François Mitterrand cache un cœur d'or. Mais les trahisons qu'il a pu subir dans son existence l'ont rendu méfiant. Il déteste avoir l'impression d'être trop entouré. Je suis certain que vous trouverez la bonne façon de vous situer par rapport à lui. »

La « feuille de route » est on ne peut plus claire. Je sais déjà que le chemin est parsemé d'embûches. Évidemment, j'accepte sans l'ombre d'une hésitation en disant à François de Grossouvre : « J'espère être digne de la confiance que vous me témoignez. Pour moi, ce sera un honneur de servir cet homme que j'admire tant.

– Parfait, me répond-il, alors allons le voir immédiatement. »

Dans la cage du lion

Nous nous retrouvons dans cette rue de Bièvre que je connais déjà. Au numéro 22, François de Grossouvre appuie sur le bouton de l'interphone d'une grande porte cochère peinte en vert. Une voix féminine nous invite à monter. À ce moment précis, je sens une ultime hésitation chez François de Grossouvre, comme si sa carrière était en jeu. Décidément, je ne suis pas le seul à être impressionné ! C'est la première fois que je franchis le seuil de cet immeuble qui me deviendra si familier. L'émotion me monte à la gorge. J'ai l'impression très nette de pénétrer dans le saint des saints.

Et je découvre d'abord la petite cour pavée, avec sur la gauche un mur borgne, et presque au milieu un puits ancien. Le bâtiment à deux et trois étages a la forme d'un L. Sur la droite, je distingue une porte vitrée qui pourrait être celle d'une cuisine tandis que la baie vitrée qui la prolonge abriterait un salon et une salle à manger. Nous entrons par une seconde porte vitrée qui ouvre sur un grand escalier en fer forgé, recouvert de tomettes rouges. Le tout donne l'impression d'un petit château. Joseph Franceschi et François de Grossouvre empruntent un étroit ascenseur que dissimule une porte, me laissant le soin de me familiariser avec un escalier aux marches irrégulières et profondes. Je parviens au troisième et dernier étage avant mes deux parrains, car le minuscule ascenseur est poussif. Ils ont l'air aussi angoissés l'un que l'autre.

Marie-Claire Papegay, la secrétaire particulière de François Mitterrand, nous accueille avec sa réserve habituelle. Visiblement nous la dérangeons dans son travail. Elle prévient notre hôte et nous demande de patienter. J'ai le temps d'observer cette femme dont je ne tarderai pas à découvrir qu'elle est comme la photocopie de son patron : même froideur apparente, même sens de la repartie qui glace. Pas un mot n'est échangé, comme si nous avions peur de déranger. J'observe cependant que Joseph Franceschi a l'air particulièrement heureux de se trouver là. Sa joie fait plaisir à voir et me rassure un peu, moi qui suis dans mes petits souliers. Enfin, la porte du bureau principal coulisse sur des rails.

« Allons bon, vous êtes là ? lance François Mitterrand à François de Grossouvre. Vous aussi, monsieur Franceschi ? Y aurait-il un coup d'État dans l'air ? »

Quant à moi, il m'adresse un anodin « Bonjour, monsieur ». Je sens toutefois comme une interrogation à mon sujet. Sur ce, les trois hommes s'enferment dans le bureau du premier secrétaire, me laissant à mes réflexions angoissées.

Bien que très occupée, Marie-Claire Papegay prend le temps de me parler et de m'inquiéter un peu plus si besoin était.

« Vous êtes d'Alfortville ? Comment vous appelez-vous ? De Grossouvre tient absolument à imposer à François Mitterrand la présence d'un garde du corps.

Moi, cela m'étonnerait qu'il accepte. D'ailleurs, il a déjà refusé toutes les propositions qui lui ont été faites en matière de sécurité par la Préfecture de police. Il ne se sert même pas de la voiture que Joseph a mise à sa disposition, c'est tout dire. Il préfère marcher ou prendre des taxis, croyez-moi. »

Je réponds à ses questions, de plus en plus persuadé que l'affaire est très mal engagée. C'est à ce moment que François Mitterrand fait sortir ces deux visiteurs de son bureau en leur disant : « Bon, faites comme bon vous semble. » Le regard qu'il me jette alors me glace d'effroi. Toutefois, à voir la mine réjouie de mes deux conspirateurs, je saisis qu'ils ont au moins gagné la première manche. En me lançant un aimable « À bientôt, Pierre », Marie-Claire Papegay me confirme dans cette première impression.

À cet instant précis, ma vie prend un tournant décisif et un nouvel élan. Si les circonstances qui m'avaient conduit là n'étaient pas aussi dramatiques et sombres, j'aurais pu alors parler de chance. Il est évident qu'entre voir grandir ma Julie et travailler au service de François Mitterrand, il ne pouvait y avoir de comparaison possible. Rien de ce que j'allais connaître grâce à lui et avec lui, les voyages, les palais officiels, les honneurs, les aventures et les passions, rien de tout cela ne tient face au souvenir de ma petite fille disparue.

Nous quittons François de Grossouvre rue de Bièvre, non sans être allés saluer le malheureux Jean Kasparian, chauffeur désœuvré au volant de sa 504 Peugeot presque neuve mais tellement inutile aux yeux de son illustre passager. Lors du trajet de retour, en direction d'Alfortville, Joseph Franceschi ne manque pas de me raconter l'entretien. François Mitterrand, qui ne craint pas pour sa sécurité, trouve grotesque d'avoir un garde du corps pendu à ses basques en permanence. Cependant, il a accepté de faire un essai, en insistant sur le caractère temporaire de son accord. Je commencerai donc le lendemain matin à 8 h 30, rue de Bièvre. Joseph Franceschi me précise que toute demande ou doléance devra passer par lui et par lui seul. Je ne dois absolument pas gêner le premier secrétaire. Ma place est à côté du chauffeur, la « place du mort », selon la formule consacrée. Je dois avoir la discrétion d'une ombre.

Aujourd'hui, François de Grossouvre et Joseph Franceschi ne sont plus de ce monde. Mais, je n'oublierai jamais ce qu'ils ont fait pour moi ce jour-là. C'est à eux que je dois d'avoir vécu vingt ans de ma vie auprès de François Mitterrand.

Bonjour, monsieur Mitterrand

Comme prévu, le lendemain, Jean Kasparian et moi nous trouvons à huit heures du matin chez *Yorgan's*, le bar arménien de la rue de Bièvre. Dans mon costume trois-pièces, avec cravate et manteau en poil de chameau, je me sens paré pour l'aventure. Une demi-heure plus tard, nous faisons savoir par l'interphone que nous nous tenons à la disposition de François Mitterrand. Je dois ici évoquer la mémoire de Jean Kasparian, un homme affable, d'humeur égale et toujours bienveillant à mon égard. Avec son accent marseillais prononcé et son élégance vestimentaire, il avait des allures de vedette de cinéma. En outre, c'était un joueur impénitent : chaque jour, il faisait son tiercé, même si la chance ne lui souriait pas très souvent.

Nous commençons donc à attendre notre patron, aussi nerveux l'un que l'autre, fumant cigarette sur cigarette. À cause de l'étroitesse de la rue de Bièvre, nous sommes contraints de garer la voiture en double file à l'angle du boulevard Saint-Germain. Puis je fais les cent pas devant le domicile de François Mitterrand. Je vois arriver Marie-Claire Papegay, surprise de me voir de si bonne heure. Elle me rassure : « Il ne va tarder à descendre car il a un rendez-vous au Parti en tout début de matinée », me dit-elle. Dix minutes plus tard, j'entends le déclic de la lourde porte. C'est *lui !* Il apparaît dans un imperméable beige clair, son légendaire chapeau noir vissé sur la tête et sa serviette bordeaux sous le bras gauche.

Je n'en mène pas large, et j'ai beau déjà connaître cette silhouette, elle m'impressionne toujours. Je parviens toutefois à lui parler distinctement.

« Bonjour, monsieur Mitterrand, je suis à votre service à partir d'aujourd'hui. Je m'appelle Pierre Tourlier. Votre véhicule se trouve au bout de la rue. Je vous y accompagne.

– Bonjour, c'est bien, me répond-il gentiment. Veuillez me tenir ma serviette pendant que j'achète les journaux au kiosque. »

Notre premier dialogue aura donc été des plus prosaïques, comme je m'y attendais. Je me tiens à deux ou trois mètres de lui, tandis que nous remontons cette rue de Bièvre où chacun le salue : un grand bonjour au bougnat qui s'affaire dans sa remise et qui lui répond comme s'ils se connaissaient depuis toujours, une poignée de main au buraliste, une autre au marchand de journaux du boulevard.

Puis, tout en marchant, il se plonge dans la lecture de la presse, partant dans la direction opposée à celle de notre voiture. Je le lui fais remarquer. « Oui, bien sûr, me dit-il, la force de l'habitude... » Il fait sagement demi-tour. Les passants le dévisagent avec surprise ou familiarité. Moi, je me fais des frayeurs au moindre geste « suspect ». Je lui ouvre la portière. Il hésite un instant puis monte. Je m'installe à ma place et la voiture démarre.

Après avoir demandé à Jean de le conduire comme prévu au Parti, il s'adresse à moi.

« Je dois vous dire, Pierre – permettez-moi de vous appeler ainsi puisque nous nous connaissons un peu –, je n'ai pas vraiment l'habitude d'avoir un garde du corps. Je n'ai rien contre vous, mais j'aime par-dessus tout ma liberté et sachez que, même à l'époque où j'étais ministre, je ne faisais que très rarement appel au service de sécurité. MM. Franceschi et de Grossouvre sont persuadés que le moment est venu de m'affecter une protection rapprochée. Il faudra que tout cela se fasse le plus légèrement possible et dans la plus grande discrétion, je compte sur vous. Voyez-vous, moi qui adore prendre les taxis, j'ai l'impression aujourd'hui que l'étau se resserre autour de moi. Enfin, je m'en accommoderai. »

Ma réponse tente d'être apaisante : « Nous essaierons de vous gêner le moins possible, monsieur. »

D'emblée, je sens qu'il est inutile de lui répondre plus longuement. J'évite ainsi les platitudes dont tant d'autres l'accablent.

Nous arrivons place du Palais-Bourbon. Je pousse la porte vitrée de l'entrée pour accéder au hall d'accueil.

Là se trouve en permanence le gardien des lieux, véritable mastodonte de 160 kilos, dans le plus parfait style des sumos japonais.

« Bonjour, *monsieur* Samson », lui dit François Mitterrand, toujours en forme à ce que je vois. Je vous ramène de la compagnie aujourd'hui. » Puis, se tournant vers moi et sur un ton amusé : « Vous ne faites pas le poids ! » Il disparaît dans l'ascenseur poussif et grinçant qui le conduit à son bureau.

Un jour pas comme les autres

Ces locaux de la place du Palais-Bourbon me sont un peu familiers : j'y suis déjà venu pour chercher du matériel de propagande ou porter un courrier à la demande de Joseph Franceschi. Mais Samson et son « petit » frère Jacquot, un autre sumo à la stature impressionnante, se donnent la peine de me faire visiter les lieux. François Mitterrand occupe le dernier étage. Outre son bureau, on y trouve celui de son secrétariat dirigé par Paulette Decraene, ainsi qu'une salle de réunions et d'autres bureaux affectés aux proches conseillers. Lionel Jospin et Jacques Attali notamment feront ici leurs premières armes.

Ce jour-là, je ne vois pas le temps passer. Vers midi, alerté par le grincement caractéristique de l'ascenseur qui descend du troisième étage, Samson me prévient que François Mitterrand arrive. Ce dernier, en le saluant, lui dit : « J'espère que ce premier contact s'est bien passé. » Et l'impassible sumo de lui répondre sur le même ton d'ironie à mon égard : « Très bien, monsieur le Premier secrétaire, d'ailleurs nous pensons l'introniser dans la semaine, s'il tient le choc, évidemment... »

J'ai effectivement l'impression de subir un bizutage en règle mais inoffensif. C'est dans l'ordre des choses, et François Mitterrand se venge ainsi de ma présence permanente qu'il juge si contraignante. Quoi qu'il en soit, je commence à prendre le rythme de ces horaires qui vont désormais délimiter ma vie professionnelle. Pour le déjeuner, François Mitterrand rentre chez lui rue de Bièvre, tandis que le chauffeur retourne à Alfortville.

Moi, je fais connaissance avec la roborative cuisine auvergnate du « bougnat » de la rue de Bièvre et surtout avec le patron Raymond Marmonteil, homme généreux et sincère à qui Georges Brassens aurait pu dédier sa chanson *L'Auvergnat.* Je découvre que les membres des Renseignements généraux de la Préfecture de police ont ici leurs habitudes. Inutile de dire qu'avec eux il fut très rapidement question de politique. L'aligot préparé par Nicole, la patronne, fait une utile diversion à ce que j'entends alors... Je suis entouré d'hommes de droite, pour ne pas dire plus.

Repu, je quitte ce repaire aussi sympathique que mal famé pour me mettre en faction devant le domicile des Mitterrand. Quelques minutes plus tard, j'ai la surprise de voir sortir Danielle Mitterrand qui me dit : « Entrez, vous avez le temps, François ne sortira pas avant cinq heures, car il travaille. Venez donc prendre un café avec moi. »

Je n'ose évidemment refuser et me retrouve dans cette cuisine qui donne sur la rue. Je suis tétanisé : la femme du premier secrétaire s'affairant pour me préparer un café, je n'en reviens pas ! Et elle de se livrer un peu : « Vous savez, votre présence aux côtés de François me rassure. Et puis n'hésitez pas à entrer. Cela ne sert à rien que vous restiez dans le froid. Faites-vous du café, ne vous gênez pas. Vous croiserez nos deux fils qui sont souvent là. » Puis, nous avons parlé à bâtons rompus, de sa famille, de la mienne. Au bout d'un moment, elle se lève, me serre la main et me dit : « À bientôt. »

Je reste pantois face à un basset d'Artois vieillissant qui me regarde et qui doit me trouver l'air plus bête que lui. En une seule journée, être entré aussi loin dans l'intimité familiale de Danielle et François Mitterrand, voilà pourtant de quoi vous faire perdre la tête. J'ai l'impression de vivre un rêve éveillé. Marie-Claire Papegay se charge de mon retour sur terre en me signifiant que le premier secrétaire doit retourner au siège du Parti et qu'il a ensuite un dîner en ville. Je sors prévenir Jean à qui je raconte ce qui vient de m'arriver. Je sens pointer dans son regard comme un peu de jalousie : prendre un café avec la femme du patron n'était manifestement pas dans ses habitudes.

François Mitterrand sort de l'immeuble. Ces quelques scènes, même si elles devaient se répéter des milliers de fois, je ne les oublierai jamais. Je suis partagé entre l'envie de me faire tout petit et le désir de me manifester à son attention, entre le sentiment qu'il aimerait mieux que je prenne le large et la nécessité impérieuse de le protéger. Les cœurs secs y verront comme l'expression d'une banale passion amoureuse. Je préfère parler d'un attachement viscéral. De ce jour, de cet instant, j'ai compris que mon destin était lié à cet homme.

Ma première balade

Refusant la voiture, François Mitterrand nous fait savoir qu'il se rendra à pied place du Palais-Bourbon. Mon rôle consiste alors à l'accompagner le plus discrètement et le plus efficacement possible. Cette balade commune dans les rues de Paris sera la première d'une longue suite. Je me tiens à quatre ou cinq mètres derrière lui et je commence à mesurer la difficulté de cette protection rapprochée dans un univers urbain, sans la présence rassurante de la sécurité affectée aux meetings et autres déplacements en province. Sans compter que l'homme que je suis chargé de protéger n'a aucune envie de l'être. La plupart des passants se retournent sur son passage. Certains n'hésitent pas à lui serrer la main ou lui glisser quelques mots. Ceux qui s'essayent à l'invective ou au geste déplacé sont rapidement remis à leur place : le regard froid et perçant de François Mitterrand est sa meilleure arme. Il est parfaitement à l'aise dans ce Paris du VIe arrondissement, s'arrêtant devant les boutiques et les librairies, humant l'air comme le ferait un simple badaud nonchalant. Il est aussi tranquille que je suis en permanence sur le qui-vive.

Au bout d'un moment, se tournant vers moi, il me dit : « Vous voyez, Pierre, votre présence n'est pas vraiment utile, sauf si vous aimez vous promener dans Paris, évidemment. C'est un trajet que j'ai l'habitude d'emprunter très souvent. » Puis la conversation a dévié sur le sport et le football. Une fois arrivés dans l'immeuble du PS, devant l'ascenseur, il me tend son chapeau et son manteau et je lui rends sa serviette. Ce petit rituel, nous l'accomplirons des milliers de fois par la suite, sans y penser, comme un automatisme évident.

Cette éprouvante première journée se terminera comme prévu dans un restaurant parisien, au *Dodin Bouffant*. Comme à son habitude, François Mitterrand y arrive en retard. Je reçois un nouveau coup de massue : « Asseyez-vous là », me dit-il, en désignant une petite table à l'écart, non loin de celle qu'il occupe avec les convives de ce dîner : Danielle Mitterrand, Christine Gouze-Rénal, Roger Hanin et deux couples d'amis. Après le café rue de Bièvre, voici venu le repas en famille... J'ai décidément du mal à me faire à cette succession de situations ordinaires qui sont pour moi comme des événements exceptionnels. Les serveurs ont vite compris qu'il convenait de rassurer le huron que je suis et qui s'inquiète de sa tenue peu appropriée au luxe de ce restaurant fréquenté par le Tout-Paris. Certes, ma petite table dressée à la hâte constitue un excellent poste d'observation et de surveillance. Le malheur, c'est que François Mitterrand m'observe également. Tout comme Roger Hanin qui me scrute avec attention. Ces regards me glacent.

Mon calvaire prend fin un peu avant minuit, quand nous quittons ce restaurant dirigé par Dany et Maurice Cartier, qui sont devenus de véritables amis. « À demain », me dit sobrement François Mitterrand. À demain ? C'est donc que j'ai réussi mon examen de passage ! Je suis accepté ! Fou de joie, je retourne dans le restaurant et partage une coupe de champagne avec les patrons.

Je rentre dans mon appartement d'Alfortville. Éliane et les enfants dorment profondément. Il m'est impossible de faire de même. La télévision me tiendra compagnie une partie de la nuit.

Telle fut ma première journée. Son souvenir ne me quittera jamais.

Une inquiétante froideur

Le lendemain, la journée se répète de façon presque identique. Le café matinal, l'attente avec Jean, l'achat des journaux, la place du Palais-Bourbon, le déjeuner rue de Bièvre, le dîner chez *Lipp*. Seule différence : une escapade nocturne avant le retour définitif rue de Bièvre. La semaine se déroule ainsi. « Bonjour », le matin, « Bonsoir », le soir, François Mitterrand m'adresse à peine la parole. Cette attitude m'inquiète. N'ai-je pas été trop optimiste en pensant que la partie était définitivement gagnée ? Le dimanche qui suit, je fais mon rapport verbal à Joseph Franceschi. Mais j'attends surtout le lundi, désireux de savoir si mes craintes sont fondées ou non. Or tout se passe comme la semaine précédente. Je commence vraiment à douter de moi.

Jean s'efforce de me rassurer : « Tout est normal », me dit-il. Le lendemain, un déplacement dans l'Oise est prévu. François Mitterrand est déjà dans la rue quand nous arrivons, Jean et moi, et semble s'amuser de nous avoir ainsi devancés. Avant le départ, Marie-Claire Papegay me précise qu'il faut de l'eau et des gobelets dans la voiture. Je fais donc quelques courses et nous partons à dix heures. François Mitterrand n'est pas seul.

À l'arrière du véhicule les conversations vont bon train. Curieusement, c'est à mon tour de rassurer Jean, peu habitué à ce genre de sorties. Sur place, les réunions se succèdent. De retour à Paris, François Mitterrand nous signifie qu'il n'a plus besoin de nous. Décidément, je trouve que le climat se détériore. Prenant mon courage à deux mains, je décide d'en parler à Joseph Franceschi qui se fait rassurant : « Ne t'inquiète pas outre mesure. Il te jauge et te juge. Il t'évalue. Il fera tout pour te pousser à la faute. Fais ton boulot et surtout pas de zèle. Je peux simplement te dire que je n'ai eu de sa part aucune réaction négative. S'il avait quoi que ce soit à te reprocher, il me l'aurait fait savoir depuis longtemps, crois-moi. » Il me demande ensuite de l'informer plus souvent du contenu de mes journées. Je sors rassuré de cet entretien, sans pour autant que cessent mes insomnies.

La semaine suivante s'écoule exactement de la même manière. Mon trouble grandit au fil des jours. Je ne donne pas cher de ma pérennité auprès du premier secrétaire. Vient le samedi. François Mitterrand doit se rendre dans la Nièvre. Il nous demande seulement de le déposer gare d'Austerlitz où un train l'attend. Durant le trajet, il m'informe que je ne l'accompagnerai pas puisqu'il dispose sur place d'un chauffeur et qu'il compte passer la fin de semaine à Château-Chinon. Mais quand nous arrivons sur le quai, c'est pour voir le train filer au loin. Trop tard ! Il ne cache pas sa déception et son agacement. Moi, je dissimule ma joie : enfin, je vais pouvoir effectuer avec lui un long parcours. Dans la voiture, l'ambiance est détestable. François Mitterrand ne prononce pas un mot. Jean est pétrifié de peur. Je crois détendre l'atmosphère en lui proposant un verre d'eau. La réponse tombe, cinglante : « Quand j'aurai envie de boire quelque chose, je vous le demanderai. » Dès cet instant, je souhaite que le voyage prenne fin, et vite. La matinée s'achève quand nous parvenons au conseil général de la Nièvre. Furieux de ce retard, François Mitterrand, en quelques mots bien sentis, me fait comprendre qu'il n'a plus besoin de nous et que nous pouvons rentrer seuls à Paris. Je suis catastrophé par la tournure que prennent les événements. Durant le retour, Jean et moi, sans grande illusion, évaluons nos chances de rester à son service.

Fin de quarantaine

« Bonjour, Pierre. Avez-vous passé un bon week-end ? »

Le ton de François Mitterrand est détendu, presque amical. Je n'en reviens pas. Tout est redevenu normal, ce que je m'empresse de faire comprendre à Jean d'un simple pouce levé en l'air. Et la divine surprise se concrétise quand François Mitterrand me prend par le coude et me dit : « Je pense que nous allons nous voir très souvent. Je suis content que Jean et vous soyez à mes côtés. J'ai l'impression que vous formez une bonne équipe. Je prends les journaux et nous allons au Parti. »

Dans la voiture, il engage la conversation. Nous parlons football, éducation des enfants, loisirs, le tout dans une atmosphère sympathique et détendue. Le jour et la nuit par rapport à ce que nous avions connu durant ces quinze jours de mise à l'épreuve. Je découvre avec ravissement un autre Mitterrand.

Par la suite, il me fait monter dans son bureau et m'intronise auprès de Paulette Decraene. Redescendu au rez-de-chaussée, je suis accueilli par les frères Samson qui se réjouissent de mon « admission ». « Mais, attention, me disent-ils, il n'a jamais voulu d'un gorille jusqu'à présent et tout peut s'arrêter pour toi du jour au lendemain. »

Pour le déjeuner, je fais la connaissance du restaurant *La Gauloise*, où François Mitterrand se rend en compagnie. Gaëlle et Jean-Paul, les patrons, me réservent un accueil chaleureux et me font savoir que j'aurai désormais table ouverte. Sur le chemin du retour, je fais de nouveau l'apprentissage de ces balades parisiennes chères à François Mitterrand.

Le métier rentre : tout voir, tout regarder sans se faire remarquer. Mes expériences d'attaque-défense d'ancien parachutiste m'aident et me rassurent. Une fois revenu au siège du PS, je me familiarise définitivement avec ce nouvel environnement professionnel.

La nounou du premier secrétaire

Il me revient en mémoire un épisode très particulier qui survint lors des élections législatives de 1978. Nous étions en pleine campagne électorale quand l'annonce de l'enlèvement d'Aldo Moro bouleversa l'opinion internationale. Cet acte de terrorisme impressionna fortement François Mitterrand. Songeant au fait que le garde du corps du président de la Démocratie chrétienne avait été assassiné au cours de l'enlèvement, il me dit : « Pierre, voyez-vous, votre métier, comme le mien, comporte des risques. Si vous pensez qu'ils sont excessifs, je ne vous en voudrai pas...

– Puisque les risques sont partagés, lui ai-je répondu, je vais rester avec vous, si vous le permettez. »

Malgré les circonstances tragiques, cette réponse le fit sourire. La complicité qui nous liait ainsi dans une communauté de destins devait durer jusqu'à sa mort.

Le mauvais souvenir de la défaite aux élections législatives s'est estompé. François Mitterrand a de nouveau revêtu ses habits de chef de l'opposition et sillonne le pays. Nous allons de Fêtes de la rose en meetings avec plus ou moins de bonheur. Il faut dire que l'ambiance au sein du Parti n'est pas toujours joyeuse. Malgré tout, l'échec aux élections a fragilisé le premier secrétaire qui doit faire face à des mises en cause internes. C'est à cette époque qu'il dira, au cours d'une réunion du comité directeur : « Je sens les couteaux qui cherchent mon dos dans l'ombre. » De fait, les lames s'aiguisent !

Au cours de l'un de ces nombreux déplacements en province, il me dit un jour alors que nous sommes dans la voiture : « Mais quels sont vos revenus actuels ? » La question me surprend. Aurais-je l'allure d'un clochard ou presque ? Mes fins de mois effectivement difficiles se lisent-elles aussi facilement sur mon visage ? Je décide de ne rien dissimuler de ma situation. À l'époque, je vis grâce au modeste salaire de mon épouse complété par les allocations familiales. Quant aux frais engagés pour le premier secrétaire, le Parti y pourvoit avec les moyens du bord, c'est-à-dire avec l'aide de ces bureaux d'études qui, bien des années plus tard, défraieront la chronique. La loi sur le financement des partis politiques est encore dans les limbes et Urba-Gracco, notamment, permet au PS d'exercer son rôle de parti démocratique. On aurait d'ailleurs tort de croire que c'était alors l'abondance :

opposition oblige, les finances n'étaient pas fameuses, loin s'en faut. Et les frais financiers de la dernière campagne se faisaient encore sentir. Tant et si bien qu'il a fallu se séparer de Jeannot notre chauffeur, qui rejoignit la mairie de Créteil. Ma situation était donc des plus précaires.

Quoi qu'il en soit, François Mitterrand est choqué par ma réponse : « Mais, enfin, me dit-il interloqué, personne n'a pensé à vous assurer un revenu décent ? » Je lui fais comprendre qu'au PS, comme partout ailleurs, le système D est à l'ordre du jour et que chacun est prié de composer avec. « Je m'en occupe dès notre retour », fut sa seule réponse.

À la suite de cette conversation fort importante pour moi, on s'en doute, nous arrivons dans la fédération où se tient la réunion prévue. Comme souvent, elle commence par un déjeuner et j'accompagne François Mitterrand à sa table. « Nous vous avons placé entre le président du conseil général, à votre gauche, et moi-même, à votre droite », lui dit alors le premier secrétaire fédéral, tout à sa fierté de recevoir son hôte prestigieux. Et de poursuivre : « Votre chauffeur ira se restaurer aux cuisines pendant ce temps. »

Le premier secrétaire s'arrête net et fusille des yeux son interlocuteur pétrifié : « Sachez, monsieur, que mon chauffeur et garde du corps est tout comme vous un militant du Parti, à cette différence près que lui n'est pas payé, alors il sera assis à côté de moi et à ma droite. »

Dans l'embarras le plus total, j'essayais de capter le regard furibond de François Mitterrand pour lui faire comprendre que je n'avais aucune envie de déjeuner à côté d'un premier secrétaire fédéral manifestement humilié et pour lequel, de mon côté, je ne nourrissais aucune sympathie. Mais, il me fallut prendre ainsi place à la table officielle, sous les regards interrogateurs d'une centaine de militants socialistes qui, n'ayant rien su de l'incident, se demandaient ce que je faisais à cette place honorifique.

Ce repas fut pour moi un calvaire et m'a paru durer des heures. Durant l'après-midi, je fus assailli de questions par des militants de base curieux de faire ma connaissance et avides de m'interroger sur mes fonctions auprès du premier secrétaire. Je découvris alors qu'ils avaient une estime modérée pour leur dirigeant fédéral. « Tu sais, me dirent-ils, nous n'avons eu droit au déjeuner qu'à un sandwich et une cannette de bière. Nous avions pour consigne de nous faire le plus petits possible. Alors, franchement, Mitterrand a eu raison de l'humilier. Ce n'est que justice ! » Manifestement, ils étaient heureux de voir que la vie au sein du Parti pouvait s'adoucir.

Sur la route du retour, j'ai supplié François Mitterrand de m'épargner à l'avenir ce genre de supplice. Cette requête le fit d'autant plus sourire qu'il m'informa alors que le dirigeant fédéral en question ne faisait pas vraiment parti de ses alliés au sein du Parti. Autrement dit, il n'était pas mécontent d'avoir pu lui jouer ce tour devant tout le monde.

Une semaine après ce voyage, je fus convoqué par Joseph Franceschi, qui m'avait demandé mon CV. « Je fais te faire embaucher en mairie, me dit-il, il faut régulariser ta situation mais sans passer par un emploi fictif, c'est hors de question. » Quand, peu après, François Mitterrand me demanda où en était ma situation professionnelle, j'ai pu lui répondre que j'étais officiellement employé par la commune d'Alfortville comme « acheteur ». Et je ne pris pas mes nouvelles fonctions à la légère, m'attaquant avec succès aux importantes gabegies que je constatais dans l'administration des services municipaux. Les consommations d'essence, de peinture ou de fournitures de bureau atteignaient des records : il fallait y mettre bon ordre. Ce que je fis, mais avec tant de zèle que Joseph Franceschi en personne me demanda de calmer quelque peu mes ardeurs. Heureusement pour moi, j'avais reçu le plein soutien de l'adjoint aux finances de l'époque, Guy Ramirez, qui voyait d'un bon œil mes efforts pour éviter les dépenses inutiles.

Certes, mes activités auprès de François Mitterrand m'empêchaient d'occuper mon emploi à plein temps, mais le travail était fait, et bien fait. Quant à Joseph Franceschi, il était heureux de m'avoir un peu sous la main, car il avait ainsi l'impression de garder le contact avec Mitterrand. Or, comme j'en avais pris l'habitude, je ne lui disais sur mon activité de chauffeur que le strict minimum, sans rien dévoiler évidemment de la vie privée de mon passager. Discrétion qui le mettait toujours dans des colères folles. « Maintenez le cap ! » me disait François Mitterrand quand il comprenait que les pressions de Joseph Franceschi se faisaient plus fortes.

C'est cette même année que je découvris l'existence d'Anne Pingeot dans la vie de François Mitterrand. Au début de l'année très précisément, puisque nous étions alors en hiver. Un soir, il m'a fait arrêter devant un immeuble de Saint-Germain-des-Prés : « Attendez-moi au bout de la rue et venez me chercher vers 10 heures », me dit-il alors. Je cherche alors un petit restaurant pour dîner et je choisis un bistrot à l'aspect accueillant situé juste en bas de l'immeuble où résidait Anne. J'y fais la connaissance du patron, un ancien taulard, un être merveilleux qui veillait sur la tranquillité de François Mitterrand avec un soin jaloux. Ce sympathique cerbère devint rapidement un ami, un complice. C'est lui qui m'a donné le plus de renseignements sur les habitudes et les horaires du patron. Il savait tout mieux que moi ! Et pourtant, au Parti, j'avais déjà, en quelques mois, gagné le surnom de « nounou du premier secrétaire » ! Dès cette époque, une rue entière de Paris connaissait donc ce secret. Les commerçants, les habitués du quartier, les habitants, tout le monde savait. Tous avaient vu François Mitterrand entrer et sortir de l'immeuble à des heures différentes. À chaque fois qu'un journaliste ou un photographe a essayé de leur tirer les vers du nez, il s'est heurté à un mur de silence. Personne n'a parlé. Et tous ces gens n'étaient pas de gauche, loin de là. Mais ils ont respecté la vie privée de François Mitterrand, trouvant anormal de se mêler de ce qui excitait la convoitise des journalistes. Durant toutes ces années, ils ont eu une attitude très digne.

Faut-il préciser que, dès cette époque, le ministère de l'Intérieur connaissait l'existence de cette double vie ? J'avais même une amie qui travaillait à l'époque place Beauvau et qui me disait : « On a un dossier sur François Mitterrand. Qu'est-ce qu'on va en faire ? »

Bien entendu, c'est également à cette époque que j'ai fait la connaissance de Mazarine. Je me souviens que François Mitterrand me demandait parfois d'emmener ce petit bout de fille à l'école maternelle. J'étais très fier de la conduire par la main. D'une certaine manière, par sa seule présence, par son sourire, elle m'a permis de surmonter le deuil de ma petite fille dont le décès ne remontait qu'à huit mois. Je garde en mémoire ces instants privilégiés. Peu m'importait le secret dont la presse aurait fait ses délices, ce qui comptait pour moi c'était la main de cette petite fille dans la mienne. J'étais heureux, tout simplement.

Plusieurs fois, nous sommes allés chercher Mazarine à la sortie de l'école. Je garais le véhicule devant les panneaux officiels de la campagne des législatives. François Mitterrand restait à l'intérieur et moi je remontais la rue à pied pour conduire Mazarine. Je me rappelle qu'il faisait semblant de s'intéresser aux panneaux de la campagne, en fait il ne cessait de nous observer, pressé de pouvoir accueillir sa fille dans la voiture. Et ces retrouvailles m'étaient parfois pénibles à voir, car, évidemment, cette petite fille ne pouvait avoir un comportement « normal » avec son père. Elle ne pouvait se précipiter dans ses bras au su et au vu de tout le monde. Il leur fallait attendre que nous roulions pour enfin trouver un véritable moment d'intimité. Tous deux vivaient mal cette prudence forcée, cette obligation de ne rien laisser paraître en public de leurs sentiments. Je sais que Mazarine a souffert de cette vie si particulière où il fallait avant tout se cacher, rester discret. Pour un enfant, c'est un véritable déchirement. Je le sais d'autant mieux que j'ai moi aussi vécu cette situation, en tant que père.

C'est donc à partir de ce soir d'hiver que notre passage à Saint-Germain est devenu un rituel. J'attendais François Mitterrand, car il ne passait pas la nuit là-bas et j'avais pour mission de le raccompagner rue de Bièvre.

Parfois, je l'attendais ainsi jusqu'à une heure du matin, dans le froid. Ce fut pour moi une drôle d'époque. Je passe des heures entières dans les courants d'air d'un couloir d'immeuble. Je surveille les lieux, mais je dois passer totalement inaperçu, comme on me l'a demandé. Un soir, j'ai fini par craquer.

« Je suis désolé, ai-je dit, mais il va falloir trouver une autre solution. Je n'en peux plus. Ce rythme est trop dur et je viens même d'attraper une pneumonie. Il faut que j'arrête.

– Ce n'est pas grave, Pierre, me répondit-il alors. Vous savez ce que vous allez faire ? Vous allez prendre les clés de Latche et vous vous reposez au calme pendant huit jours. L'air des Landes vous fera le plus grand bien. »

La proposition me séduit autant qu'elle me laisse sans voix. Quoi ? François Mitterrand me propose à moi sa maison de campagne ? J'ai du mal à y croire. Mais, évidemment, j'accepte avec enthousiasme et non sans fierté puisqu'il me manifeste ainsi son attachement et le prix qu'il accorde à ma collaboration. J'étais dans un tel état de faiblesse que, moi le chauffeur professionnel, je me suis fait conduire à Latche en voiture par un collègue de la mairie d'Alfortville et fin cuisinier, Guy Ramirez. Et durant une semaine ils furent aux petits soins pour moi, m'aidant à me refaire une santé. Un cousin de François Mitterrand, Jean Balenci, se trouvait également là. Et je me souviens avoir occupé la chambre habituellement réservée à Roger Hanin, son beau-frère. Ces huit jours se passèrent comme dans un rêve. Je n'entendais plus parler de politique et je ne prenais soin que de moi. Des voisins venaient me voir régulièrement pour prendre de mes nouvelles. Je n'en revenais pas de la chance qui était la mienne. Je travaillais depuis moins d'un an pour François Mitterrand et voilà qu'il me prêtait les clés d'un des hauts lieux de la mitterrandie. De quoi perdre le sens des réalités. Mais j'ai su dès cette époque faire la part des choses et ne pas sombrer dans la folie des grandeurs. Intérieurement, j'étais sur un petit nuage, cela va sans dire, tout en gardant fort heureusement les pieds sur terre.

Les coulisses du congrès de Metz

L'approche du congrès national mettait le Parti socialiste en effervescence. Michel Rocard, en première ligne, donnait de la voix en stigmatisant l'« archaïsme » du premier secrétaire, comme s'il souhaitait déjà prendre date pour l'élection présidentielle de 1981.

Un jour, François Mitterrand me dit : « Pierre, on me propose trois villes pour le congrès, en avril : Metz, Nantes ou Grenoble. Qu'en pensez-vous ?

– Metz me plairait bien : j'y suis né.

– C'est une bonne raison ! Pour ma part, cela me rappellera des souvenirs de la Résistance, c'est là-bas que je fus arrêté pour la deuxième fois, dénoncé par ma logeuse. »

Ce qui fut dit fut fait !

Mais avant d'aller rejoindre nos souvenirs respectifs à Metz, il fallait livrer la bataille des élections cantonales de mars. Du succès de ce scrutin local dépendait en partie l'avenir de François Mitterrand à la direction du Parti. Un climat très particulier régna donc tout au long de cette campagne longue et difficile. Aux contraintes habituelles de ce genre de période s'ajouta en effet le poids croissant des rivalités internes. Certains militants jusque-là dévoués à sa cause doutaient de la capacité de François Mitterrand à nous conduire à la victoire. Pour la première fois, il lui fallait affronter une crise de confiance aux manifestations chaque jour visibles.

Dès le mois de janvier, nous avions repris le rythme épuisant des tournées en province. Il fallait faire des centaines de kilomètres. Parfois pour se retrouver devant une petite vingtaine de participants dans les sous-sols d'une HLM. « Peu importe, me disait alors François Mitterrand, il vaut mieux avoir persuadé les quinze camarades sur les vingt présents, ils sont la base du Parti. Ensuite, ils sauront convaincre les hésitants. »

Je me souviens qu'après une première réunion à Arras, cette campagne avait commencé au Pré-Saint-Gervais, dans le fief de Marcel Debarge, lequel avait pour premier adjoint un jeune homme nommé Claude Bartolone. Le « Marcel », comme nous l'appelions au sein du Parti, faisait partie de la garde rapprochée de François Mitterrand. Il était l'un de ces puissants élus locaux sur lesquels le premier secrétaire pouvait s'appuyer en toutes circonstances. Sa voix forte, tonitruante quand il le fallait, sa corpulence, sa vitalité et sa détermination combative faisaient de lui un fidèle parmi les fidèles. Les visites au Pré-Saint-Gervais se terminaient rituellement par un déjeuner au *Pouilly-Reuilly*, la meilleure table de la ville célébrée en son temps par le « prince des gastronomes », Curnonsky en personne. On y fait une cuisine aussi délicieuse que roborative et François Mitterrand, comme Marcel Debarge, peinait à reprendre la route après de telles agapes. C'était d'ailleurs un plaisir de voir le premier secrétaire dévorer avec un bel appétit les plats que lui préparait tout spécialement un chef particulièrement fier de ce client pas comme les autres.

Puis ce fut la ronde des villes et des régions françaises : Bordeaux, la Nièvre évidemment, Carcassonne, Perpignan, Clermont-Ferrand, les Landes, la Vendée, Limoges, le Nord, Bourges, Vierzon, Angoulême, les Alpes de Haute-Provence, les Pyrénées, la Nièvre, encore l'Aveyron, Nancy, Metz, Strasbourg, l'Aisne, les Ardennes, la Corrèze, Toulouse, l'Ariège, la Creuse, la Côte-d'Or, la Nièvre toujours et Villeneuve-d'Ascq, où la campagne se termina dans un stade flambant neuf. De meetings en émissions de radio, de réunions locales en retours sur Paris pour le comité directeur et le bureau exécutif. Sans compter une escapade à Milan et une autre à Lisbonne. La routine, en quelque sorte !

Les résultats du premier tour que François Mitterrand découvre, comme à l'habitude, depuis Château-Chinon sont plutôt encourageants. Il est d'ailleurs élu dans son canton de Montsauche dès ce premier tour. Mais il faut dès la semaine suivante transformer l'essai et convaincre ainsi le Parti de la détermination de son premier secrétaire pour les batailles à venir. À nouveau les routes et les avions. Mais, ambiance délétère oblige, nous trouvons de moins en moins de camarades du Parti pour nous accompagner dans nos déplacements.

« Pierre, passez dans les bureaux, s'il vous plaît, pour demander qui peut venir avec moi pour ce meeting », me demandait le premier secrétaire régulièrement.

Mais « on » me répondait alors que l'« on » avait une réunion de section, un conseil municipal ou un autre déplacement en province prévu pour cette même date... bref, « on » se défilait. Les « rats » quittaient-ils déjà le navire ?

Philosophe et pragmatique, François Mitterrand me disait alors : « Très bien Pierre, c'est dans l'ordre des choses. Nous voyagerons tous les deux. Mais, rassurez-vous, cela changera bientôt. »

L'avenir devait lui donner raison : un jour les « rats » reviendraient, aussi amnésiques qu'empressés !

Avant le second tour, Rouen, Saint-Étienne, Nice, Lens et Bordeaux furent nos principales étapes. Vint ensuite la victoire : le Parti était le grand gagnant de ces élections. Mais François Mitterrand avait déjà la tête ailleurs, à Metz plus précisément où le congrès devait se dérouler quinze jours plus tard seulement. Cette attente fut très épouvante, le premier secrétaire sachant qu'il jouerait là-bas son va-tout. Les tournées en province avaient pris fin, mais il ressentait le besoin d'aller régulièrement se ressourcer dans son bastion nivernais. Nous partions alors très tôt le matin.

Je me souviens d'un jour de beau temps. Nous roulions sur la route sinueuse qui relie Avallon à Château-Chinon. François Mitterrand voulut s'arrêter pour se promener avec Nil, son labrador aussi têtu que noir. Dans ces occasions, il me demandait de sortir du coffre l'éternel bâton ramassé un jour à la campagne et qui lui servait de canne. J'avais en face de moi un homme soucieux, préoccupé par ce congrès où tout pouvait encore basculer. Les moulinets qu'il dessinait dans l'air avec sa canne étaient autant de répliques à d'invisibles ennemis qui occupaient ses pensées. Et l'insouciance de Nil tranchait avec l'air grave de son maître.

Le Parti bourdonnait comme une ruche. Le courant mitterrandiste pourrait-il résister aux assauts des jeunes loups rocardiens avides de prendre le pouvoir ?

À cette même époque, les paparazzi ne relâchaient pas leur pression sur Mitterrand, bien au contraire. C'est ainsi qu'un soir je le déposai comme d'habitude à Saint-Germain-des-Prés, pensant qu'il allait dîner en tête à tête avec Anne. De fait, il m'avait demandé de venir le chercher à pied, par discrétion, aux alentours de 23 heures, à la sortie d'un restaurant de la rue Saint-Benoît. Je remarque immédiatement deux photographes munis de téléobjectifs impressionnants, en planque à proximité du restaurant. Mon premier réflexe est d'alerter François Mitterrand que je trouve attablé dans un petit salon du premier étage. Mais je m'étais trompé : Anne n'était pas là, le premier secrétaire était entouré de sa garde prétorienne. Debarge, Mexandeau, Joxe, Mermaz, Franceschi, Fabius, Jospin, Dayan, Hernu, Deferre, Poperen et Quilès, tous les fidèles étaient réunis autour du chef, en ordre de bataille.

« Monsieur, dis-je à François Mitterrand, j'ai repéré plusieurs photographes dans les parages et deux au moins sont sous une porte cochère à vous attendre. Que fait-on ?

– Ils n'attendent pas que moi. Allez négocier discrètement leur départ et venez me rendre compte. »

Ma démarche se révéla inutile.

« Bon, répondit François Mitterrand, puisque c'est ainsi nous rentrons à pied avec Franceschi. Quant à vous, chers amis, partez en ordre dispersé et à demain matin. »

François Mitterrand joua donc avec placidité le rôle du leurre face à des photographes qui le mitraillèrent.

Pendant ce temps, son état-major put s'éclipser en toute discrétion du restaurant. Puis, jugeant que la plaisanterie avait assez duré, le premier secrétaire entra dans l'une de ces colères froides dont il avait le secret et se mit à invectiver les photographes qui préférèrent détaler. Ces photos ne furent d'ailleurs jamais publiées !

Jeudi 5 avril 1979, je dépose François Mitterrand rue de Bièvre vers 23 h 30, après un début de soirée à Saint-Germain-des-Prés, comme d'habitude. « Pierre, me dit-il, nous partirons demain de bonne heure pour Metz. Soyez ici à 8 heures précises. » En moi-même, je m'étonne de cet horaire plus matinal que de coutume : s'il me dit 8 heures précises, c'est que l'on va partir en fait à 9 heures... Car il avait la fâcheuse habitude de dire : « Ce qu'il y a de bien avec Pierre, c'est que je pars à l'heure où je suis censé arriver, comme ça je suis certain d'être à l'heure !... »

Est-ce ma façon à moi d'honorer le futur congrès ? Je l'ignore, mais avant d'aller me coucher, je vais laver la voiture du premier secrétaire et nettoyer l'habitacle. Je le fais pour moi, car, pour parler franchement, mon passager ne prête jamais aucune attention à ce qu'il considère comme des détails futiles : l'aspect de la voiture, sa couleur et celle des sièges, sa marque, toutes ces considérations le laissent parfaitement indifférent.

J'arrive donc le lendemain à huit heures précises mais en avance sur François Mitterrand, comme je l'avais imaginé, car je le trouve en train de prendre son petit déjeuner en compagnie de Danielle... Nous partirons donc une heure plus tard, mes prévisions s'étant révélées exactes jusqu'au bout. De ce point de vue au moins, François Mitterrand ne peut plus me surprendre.

Mais, durant cette heure passée à l'attendre, j'ai remarqué la présence pas très discrète de deux militants du PS postés à côté d'une cabine téléphonique boulevard Saint-Germain, face à la rue de Bièvre. Tiens, me dis-je un rien goguenard, ils ont renforcé le service d'ordre, aujourd'hui. J'adresse un petit salut amical à ces deux « camarades », puis je leur demande ce qu'ils font là. « On surveille, au cas où », me répondent-ils sur un ton évasif.

Lorsque nous partons, je les vois se précipiter dans la cabine téléphonique. Pour annoncer que le premier secrétaire est bien parti ? Mystère... Mon attention est ailleurs : il faut faire vite, car, normalement, Metz est à trois heures de route de Paris. Or, ce jour-là, j'en mettrai deux, congrès oblige. La vie d'un responsable politique est parfois peu compatible avec les limitations de vitesse en vigueur...

Dans la voiture, François Mitterrand ne cesse de relire ses discours. De toute évidence, il est tendu, silencieux la plupart du temps. Toutefois, à un moment, il me parle comme s'il se parlait à lui-même : « C'est incroyable, ils veulent m'écarter, maintenant, alors que j'ai amené le Parti et la gauche à deux doigts de la victoire ! » Un peu plus tard, émergeant à nouveau de ses pensées, il me lance, un peu énigmatique : « Vous êtes toujours au CERES, Pierre ? Eh bien, sachez qu'en ce moment le courant de Jean-Pierre Chevènement, c'est ma bombe atomique personnelle. » Je ne devais pas tarder à comprendre les sens de cette métaphore guerrière. Juste avant d'arriver, il me demande l'heure et me dit : « Belle performance, Pierre ! » Puis, il ajoute : « Dès que j'entre dans la salle du congrès, je vous donne mon chapeau, mon manteau et ma valise, et je monte immédiatement à la tribune pour prendre la parole. »

Aussitôt dit, aussitôt fait, même si l'arrivée dans la salle est moins rapide que prévue, en raison de la nuée de journalistes qui entourent le premier secrétaire. Les flashes crépitent et le service d'ordre national vient à notre rescousse pour nous aider à atteindre la tribune. Les plantes et les décorations ne résisteront pas à cette petite marée humaine qui tente de ralentir la marche du premier secrétaire. Les militants sont bousculés, les cris fusent de partout et la salle est en délire, manifestement heureuse de l'arrivée du « patron ».

François Mitterrand est comme le boxeur sur son ring. Il y est monté en combattant, mais il parle déjà en vainqueur. Les formules fusent et font manifestement mouche. « Sachons à travers ce congrès, lance-t-il, unir harmonieusement tous les acquis du socialisme français. Évitons l'anathème. » Contre les pourfendeurs d'un prétendu archaïsme, il se pose, lui, en rassembleur, garant de l'unité du Parti et de sa ligne politique. Les militants se montrent très sensibles à cette argumentation et, après deux heures d'un discours enflammé, c'est un triomphe. Durant vingt minutes, les délégués du congrès font à François Mitterrand une ovation qui restera dans les mémoires. D'ores et déjà, on pouvait dire qu'il avait gagné sa bataille contre les rocardiens et leurs alliés. Quelques tractations et conciliabules de couloirs suffiraient à parachever cette victoire à laquelle certains n'avaient pas cru. Et ce notamment grâce à l'apport décisif des voix du CERES, comme me l'avait annoncé François Mitterrand dans la voiture.

Je ne compris que plus tard, et de la bouche même de Michel Rocard, le pourquoi de l'insolite présence de ces deux militants socialistes placés à l'affût rue de Bièvre. Car il s'agissait bien de membres du courant rocardien. Ils étaient là en service commandé et devaient informer leurs dirigeants de notre heure exacte de départ de Paris. Ainsi, s'était dit Rocard, en tablant sur trois bonnes heures de route, il me suffira de prendre la parole peu de temps avant l'arrivée du premier secrétaire. Les militants rocardiens seront alors en nombre dans la salle et la claque mitterrandiste sera atténuée par quelques sifflets...

Le maire de Conflans-Sainte-Honorine croyait avoir tout prévu et tout organisé pour son plus grand profit. Mais, comme il me l'avouera lui-même, bien des années plus tard, alors qu'il était ministre du Plan : « Tu es arrivé beaucoup plus tôt que prévu, Pierre ! Moi, j'étais encore tranquillement installé à la cafétéria du congrès quand j'ai entendu les applaudissements et l'enthousiasme soudain de la salle. Je me demandais qui pouvait bien intervenir et provoquer ces réactions. C'est alors que l'un de mes collaborateurs est arrivé en courant pour me dire que François Mitterrand venait d'arriver. » Et Michel Rocard d'ajouter : « Voilà, tu aurais mis plus de deux heures et je remportais ce congrès ! » Je ne sais s'il le pensait vraiment, mais le fait est que ce petit record de vitesse avait donné à François Mitterrand une belle longueur d'avance, dont il s'était évidemment servi avec son talent habituel. Metz valait bien cette infraction au code de la route !

Après son mémorable discours, François Mitterrand est allé déjeuner dans un restaurant de la ville. Il a tenu ensuite à faire une petite promenade avec quelques amis présents dont Gaston Deferre, Louis Mermaz et Joseph

Franceschi, et d'autres membres de sa garde rapprochée. Au bout d'un moment, il s'arrête net devant un immeuble et nous dit : « C'est ici que j'ai été repris par les Allemands en 1941. Les propriétaires m'avaient livré et les Allemands m'ont cueilli alors que je sortais pour faire des courses. Ces gens qui m'ont trahi, ils n'ont même pas eu le courage de me regarder monter dans le camion allemand, ils ont été lâches jusqu'au bout. Ce jour-là, j'ai découvert ce que pouvait être une trahison. » Malgré les années, il se rappelait les moindres faits de son arrestation. Inutile de dire que la petite assistance buvait ses paroles, appréciant ces confidences à leur juste mesure.

De retour dans la salle du congrès, François Mitterrand participa aux travaux de plusieurs commissions. Puis il passa la nuit de samedi à dimanche dans un petit hôtel, à Woippy, à concocter le texte de la motion finale, la motion de la victoire. Le retour sur Paris fut triomphal : François Mitterrand savourait son succès et moi, modestement, je me réjouissais de savoir que mon courant, le CERES, n'était pas pour rien dans l'issue heureuse de ce congrès à haut risque.

Pour autant, les mois qui suivirent ne furent pas euphoriques. Le congrès de Metz n'avait été qu'une étape parmi d'autres. Les élections européennes mais surtout l'élection présidentielle se profilaient à l'horizon, et la partie pour François Mitterrand n'était pas gagnée d'avance, y compris à l'intérieur du Parti socialiste. Si Michel Rocard avait perdu le congrès, il ne s'avouait cependant pas définitivement vaincu. Tout restait donc à faire. Et il faut bien avouer que pour François Mitterrand commença une période plutôt sombre, un creux de la vague dû précisément à la combativité de Michel Rocard. L'éternel ennemi n'avait pas désarmé, disposant de puissants relais, dans la presse notamment.

Je me souviens parfaitement d'un meeting de 1980 au cours duquel la rivalité entre les deux hommes se concrétisa. François Mitterrand est à la tribune, quand, en coulisses, je reçois un appel téléphonique de Michel Rocard voulant parler au premier secrétaire dans l'instant. Je lui fais alors remarquer qu'il est difficile de déranger François Mitterrand. Mon interlocuteur insiste et je finis par prévenir François Mitterrand. Ce dernier se lève et quitte nerveusement la tribune. Je remarque sa légère pâleur. La conversation téléphonique dure à peine cinq minutes. Avant de rejoindre sa place, Mitterrand me glisse, avec un sourire figé : « Rocard veut être président. Il va faire sa déclaration ce soir. » Cette annonce était dans l'air, mais elle me surprend, comme elle surprend le premier secrétaire qui ne s'attendait peut-être pas à une décision aussi rapide.

C'est dans l'avion de retour que nous avons entendu, en direct à la radio, le discours de Michel Rocard depuis sa mairie de Conflans. Dans l'entourage du premier secrétaire, les commentaires vont alors bon train. L'opinion générale, partagée par François Mitterrand, est que Michel Rocard s'est porté candidat beaucoup trop tôt et qu'il risque ainsi de s'essouffler. Cependant, j'ai senti de l'inquiétude parmi les dirigeants mitterrandistes. Il faudrait affronter le congrès extraordinaire de désignation du candidat socialiste à la présidentielle. À vrai dire, l'initiative de Michel Rocard choqua profondément François Mitterrand. Il ne comprenait pas cet acharnement à vouloir lui barrer la route. Moi qui le côtoyais chaque jour, je peux témoigner qu'il se sentait trahi. Il ne supportait pas l'accusation d'archaïsme portée contre lui. Autour de lui, la vieille garde faisait bloc, cela va sans dire. Tous étaient persuadés que la démarche de Rocard était vouée à l'échec. On ne pouvait pas en dire autant de certains dirigeants plus jeunes, dont certains se retrouveraient plus tard à l'Élysée... Certains de ces mitterrandistes de la deuxième génération se mirent à douter, à s'interroger. « Tu ne crois pas, Pierre, qu'il est trop vieux ? » me demandaient-ils. Pour eux, la conquête du pouvoir était l'objectif unique. Peu leur importait de savoir, au fond, qui les y conduirait. J'ai toujours trouvé cette attitude indigne, mais il faut la mettre sur le compte des faiblesses humaines. Et je suis bien certain que le 10 mai 1981, ces camarades peu scrupuleux ne se souvenaient plus de leur hésitation passée...

4

En route vers l'Élysée

« Vous vous rendez compte, bien sûr, que Michel Rocard est plus jeune que moi, mais nous n'avons en fait que sept ans de différence. Il aura donc le même âge que moi aujourd'hui quand mon septennat se terminera. Il peut attendre, tout de même. » Tel était l'état d'esprit de François Mitterrand au début de 1981, alors que le Parti était en proie au doute. Il nous répétait souvent cette phrase, ne comprenant pas l'entêtement de son rival. Le climat était donc à la guerre interne. François Mitterrand devait impérativement s'assurer de la fidélité de ses troupes. Ce fut l'époque des réunions secrètes, des tractations discrètes. Le clan mitterrandiste se dépensait sans compter. Nombre de ces réunions eurent symboliquement lieu dans le fief de François Mitterrand, à Château-Chinon, une ville que les rocardiens ne fréquentaient guère, et pour cause. L'*Hôtel du Vieux Morvan* fut donc le théâtre de ces conciliabules. François Mitterrand y avait sa chambre, comme on le sait, et il considérait cet endroit comme une sorte de résidence secondaire. Jean Chevrier, le patron, lui assurait toute la tranquillité nécessaire. Et je n'étais pas peu fier d'avoir moi aussi une chambre dans cet hôtel devenu mythique.

Le 8 novembre 1980, François Mitterrand annonce au comité directeur son intention d'être le candidat du PS à l'élection présidentielle. Deux mois plus tard, le 24 janvier, le congrès de Créteil entérine à une très large majorité cette candidature. L'épisode Rocard est alors définitivement clos. Peu de temps auparavant, j'avais dit au premier secrétaire : « Quand vous vous déclarerez officiellement, je ne porterai plus que la cravate que j'aurai ce jour-là. » Or, le jour venu, ma cravate était rouge vif et j'ai tenu parole depuis cette date. Cette première cravate est devenue pour moi une relique et je l'ai conservée ! Elle était, mode de l'époque oblige, en tricot rouge.

« On va gagner ! »

J'ai alors retrouvé le Mitterrand combatif que j'avais découvert en 1974, celui qui, même après la défaite, était persuadé de l'emporter un jour. À partir de la mi-mars, la campagne battait son plein. Un meeting local chaque jour, un grand meeting régional par semaine, et les heures d'avion se succédaient à un rythme impressionnant. Tandis que Patrick et Dominique, mes deux alter ego, se chargeaient d'amener par la route notre véhicule, moi j'accompagnais toujours François Mitterrand dans l'avion ou l'hélicoptère. Pierre Joxe m'avait donné carte blanche pour assurer la sécurité du premier secrétaire durant ses déplacements. Outre Patrick et Dominique, j'avais donc recruté avec la bénédiction du Parti quatre militants d'Alfortville, quatre gaillards qui nous suivaient en permanence. Je me souviens notamment de Guy qui, du haut de ses deux mètres et fort de ses 110 kilos, était chargé de la sécurité de Danielle Mitterrand, très souvent présente durant la campagne. Ce géant de 22 ans avait l'air d'un poupon et je m'amusais à l'appeler « mon bébé ». Mais, durant les meetings, il se révélait d'une totale efficacité. Quand il fallait fendre la foule pour parvenir à la tribune, ce « bébé » soulevait littéralement de terre Danielle Mitterrand. Je me souviendrai toujours de la vision surréaliste de celle-ci flottant au-dessus des militants enthousiastes. Mais il n'y avait pas d'autre moyen, en fait, tant l'affluence était grande.

« On va gagner, disais-je régulièrement à François Mitterrand.

– Avant le 10 mai au soir, on ne peut rien dire, me répondait-il. Mais le mouvement est là. Vous le sentez d'ailleurs, vous le voyez. Tous les soirs, il y a un peu plus de monde, de ferveur et d'ambiance. »

Un certain Balavoine

Il est vrai que les meetings se déroulaient dans une atmosphère de fête et de liesse. François Mitterrand savait s'entourer de personnalités capables, elles aussi, de galvaniser la foule. La mayonnaise prenait, en quelque sorte. C'est ainsi que l'un des chanteurs les plus populaires de l'époque, Daniel Balavoine, assista à plusieurs meetings. On se souvient encore de la mémorable rencontre télévisée entre le premier secrétaire et le chanteur, au cours d'un journal, sur Antenne 2. « Il est fort ce petit », m'avait dit François Mitterrand, à la suite du coup de gueule lancé en direct par Balavoine. « Voyez donc si on peut l'inviter à déjeuner », avait-il ajouté.

Le chanteur a accepté l'invitation et le déjeuner eut lieu au restaurant *Chez Francis*, place de l'Alma. J'ai eu la chance d'assister à cette rencontre, ainsi que Jean Glavany. Durant le repas, Balavoine ne se démonte pas et poursuit la discussion engagée au cours du JT. Il faut plus de liberté, dit-il en substance au candidat qui ne peut que lui donner raison et l'assurer que c'est là le sens de sa campagne. En partant, Daniel Balavoine, regardant François Mitterrand droit dans les yeux, lui dit simplement : « Je vous crois, monsieur Mitterrand. » Ils se sont alors serré la main et François Mitterrand lui a fait une proposition : « Alors, vous pourriez peut-être nous aider, car la partie n'est pas gagnée et votre soutien nous serait précieux, en direction de la jeunesse notamment. » Ensuite, le Parti a pris contact avec l'entourage du chanteur pour qu'effectivement il soit présent à certains meetings de la campagne.

Femmes, il vous aime...

Même durant cette période particulièrement chargée, la vie privée de François Mitterrand était réglée de la même façon qu'auparavant. Chaque soir, nous passions à Saint-Germain-des-Prés pour rentrer ensuite rue de Bièvre. Pendant la journée, François Mitterrand utilisait beaucoup le téléphone. Il appelait Anne Pingeot, évidemment, mais il ne se passait pas une journée sans qu'il téléphone à Danielle. Ce couple était bâti sur un respect mutuel. Il avait besoin de l'écouter, de savoir si elle allait bien. C'était pour lui un refuge, une complicité indispensable, le fruit d'une histoire commune qui a duré plus de cinquante ans.

Avec Anne, les choses étaient différentes. Il s'agissait d'une véritable passion amoureuse. François Mitterrand, dans cette relation, pouvait se montrer jaloux comme un enfant. Il y avait trente ans d'écart entre eux. C'est une jolie femme, très jolie. Et dans les dernières années, plus encore, François Mitterrand se montrera très jaloux à son égard. Elle était souvent appelée à se déplacer à l'étranger dans le cadre de ses activités professionnelles. Et François Mitterrand en prenait ombrage. À son retour, il lui faisait de véritables scènes, lui demandant : « Et ce garçon, comment est-il ? » Dans ces moments-là, j'avais, moi, l'impression de me revoir quand j'étais un jeune homme jaloux, avec la même mauvaise foi, la même susceptibilité, le même orgueil mal placé. C'est pourquoi l'attitude juvénile de François Mitterrand m'amusait beaucoup.

Oui, ce don Juan était aussi un jaloux impénitent, si curieux que cela puisse paraître. On le dépeint toujours comme un séducteur-né, mais cet aspect-là de sa personnalité amoureuse était évidemment moins connu. Et ce défaut pouvait le rendre méchant, voire agressif. Les hommes de passion sont ainsi faits, ils sont excessifs en tout, en amour comme en jalousie. C'est en quelque sorte le revers de la médaille ! D'ailleurs, cette jalousie ne s'exerçait pas seulement à l'égard des femmes, elle semblait profondément ancrée en lui, partie intégrante de sa personnalité. Il m'arriva même un jour d'en faire les frais. Je m'étais échappé de l'Élysée pour servir de garde du corps à Alain Prost, le temps d'une compétition. Or la presse avait publié des photos du pilote automobile où l'on me voyait fort naturellement à ses côtés. François Mitterrand vit ces clichés.

« Vous avez manifestement une meilleure attachée de presse », me dit-il à mon retour, avec cette ironie mordante qui faisait des ravages. « Et alors, ajouta-t-il furieux, qu'a-t-il de plus que moi, ce Prost ? Comment se comporte-t-il avec vous ?

– Mais, monsieur, j'ai fait cela uniquement pour le plaisir, par amusement et aussi par intérêt pour la Formule 1, pour me détendre un peu.

– Ah, bon, vous restez avec moi alors ?

– Évidemment, monsieur, cela va sans dire. »

Il m'avait ainsi bombardé de questions tel un amoureux éconduit ou un mari jaloux.

Quant aux autres aventures, elles étaient passagères, sans lendemain. Il était rare qu'il aille plus de deux ou trois fois chez la même personne. On a beaucoup dit que c'était un don Juan. C'est peut-être une bonne façon de résumer cette facette de sa vie. Quoi qu'il en soit, nous en parlions évidemment très peu. Il se montrait discret et je me devais de respecter cette discrétion. Mais je peux dire maintenant que parfois il m'étonnait. J'allais dire qu'il me fatiguait ! Et c'est lui-même qui, un soir, m'a expliqué son emploi du temps. Selon lui, certaines de ses soirées se déroulaient comme un « menu », avec « une entrée, un plat principal et un dessert » ! Bien plus que moi, c'est lui qui aurait dû être fatigué... Il avait besoin de ces rencontres, de cette vie divisée en compartiments étanches qui ne communiquaient jamais les uns avec les autres. Lui seul s'y retrouvait. Lui seul jonglait avec les rendez-vous, les lieux et les visages.

J'avoue aujourd'hui que cette vie mouvementée n'allait pas sans quelques inconvénients, qu'il m'appartenait de gérer au mieux. Je me souviens par exemple qu'au cours d'un meeting une jeune femme que François Mitterrand avait connue faisait un esclandre parce qu'elle voulait le voir. Or lui n'y tenait pas. Je suis allé voir cette femme et lui ai fait comprendre qu'il valait mieux qu'elle parte, que le moment était mal choisi. Bref, j'essayai de la consoler, tout en veillant à ce qu'elle s'en aille le plus discrètement possible sans provoquer le moindre scandale. L'épisode s'est reproduit à plusieurs reprises, chaque fois avec une personne différente. Il m'est d'ailleurs arrivé de revoir telle ou telle importune au bras de François Mitterrand quelques jours plus tard. Je me demandais alors si je n'étais pas un peu le dindon de la farce. Mais c'était dans l'ordre des choses et il fallait accepter les règles du jeu. C'est à cette même époque que certains au sein du Parti appelaient François Mitterrand « Papy », version triviale de l'« archaïsme » stigmatisé par Michel Rocard. Sans rien leur répondre, je pensais au fond de moi : « Si vous saviez... »

Hasards et coïncidences

Deux autres histoires me reviennent en mémoire. Je peux me permettre de les raconter puisque j'y ai joué un rôle involontaire.

À plusieurs reprises, François Mitterrand me demanda de le conduire dans le XVIe arrondissement. Je le déposais au pied d'un immeuble bourgeois. Puis j'attendais son retour dans la voiture. Le temps me paraissait bien long ! Enfin, je le voyais revenir, l'air quelque peu fatigué, je dois l'avouer. Quelque temps après, une jeune femme, au Parti, me propose de la rejoindre chez elle pour passer la soirée tendrement. La chair est faible, j'accepte. Et, soit dit en passant, le fait de travailler au service d'une personnalité rend ce genre de rencontres beaucoup plus facile. Or, lorsqu'elle me donne son adresse, je m'aperçois qu'il s'agit de ce fameux immeuble du XVIe arrondissement. Je n'avais aucune envie de perdre ma place et le fis immédiatement savoir à cette jeune femme peu regardante ! Il va sans dire que je ne donnai pas suite à cette proposition.

Une autre fois, les choses allèrent nettement plus loin. Dans des circonstances assez comparables, une permanente du Parti me propose de nous retrouver chez elle le soir même. Et, puisque l'adresse m'est cette fois totalement inconnue, j'accepte avec enthousiasme. La soirée est délicieuse et se termine, comme prévu, dans un lit. Un peu plus tard, le téléphone retentit. Ma conquête se lève, décroche le combiné. Elle répond brièvement et par monosyllabes à son interlocuteur, puis raccroche.

« Pierre, me dit-elle nerveusement, il faut que tu partes sur-le-champ.

– Quoi ? Tout de suite ? Mais on est bien, non ? Rien ne nous presse...

– Pierre vraiment, j'attends mon ami. Tu ne peux absolument pas rester. »

Je n'insiste pas, comprenant que la situation peut devenir embarrassante. Je remarque simplement que la nervosité de la jeune femme ne diminue pas. Je m'habille donc à la hâte et me retrouve dévalant les escaliers quatre à quatre. Je franchis le seuil de l'immeuble aussi vite. Au moment de passer le coin de la rue, j'entends un taxi qui s'arrête devant l'entrée de l'immeuble que je viens de quitter. Je ne résiste pas à la curiosité de savoir qui est celui qui m'oblige à détaler ainsi, non d'ailleurs sans quelque jalousie. J'ai juste le temps d'apercevoir une silhouette. Bien assez cependant pour reconnaître sans l'ombre d'une hésitation François Mitterrand en personne ! Il s'en était fallu de quelques secondes seulement pour que nous nous croisions. On imagine aisément le résultat catastrophique de cette rencontre. Je l'avais échappé belle. Le lendemain, je suis allé trouver la jeune femme en question dans son bureau en lui expliquant qu'elle m'avait joué un tour pendable.

Ces deux histoires rocambolesques me servirent à tout jamais de leçon. À partir de là, je pris un soin particulier à ne pas mélanger les genres. De telles situations ne se reproduisirent plus.

La Suédoise

Des années plus tard, une autre présence féminine devait se montrer embarrassante. Bien qu'il l'ait connue pendant une longue période, cette jeune femme ne faisait plus partie de ses relations depuis longtemps. La maladie du Président ainsi que l'amour de sa fille lui interdisaient alors toute relation autre que verbale. Aussi, sauf si on l'assimile à la Sainte Vierge, ce qui n'était pas le cas, l'enfant qu'elle attribuait à François Mitterrand venait d'ailleurs...

Les relations cessèrent quand dans les années 1990-92, Christina F., sous l'emprise de l'alcool, se mit à apostropher les agents de police en se vantant d'être la maîtresse du Président. Aussitôt prévenu par le conseiller de permanence, ce dernier me demanda d'intervenir en l'île Saint-Louis, son lieu d'habitation, ce qui fut fait avec toute la diplomatie nécessaire.

Une reine du Proche-Orient

La force de séduction de François Mitterrand est un euphémisme. Il aimait plaire. « J'aime que l'on m'aime, disait-il, et nul ne peut m'en vouloir. » Il est vrai que les femmes l'aiment, depuis les femmes du peuple jusqu'aux têtes couronnées, c'est l'amour. J'ai en mémoire cette reine d'un pays plus ou moins lointain qui donna rendez-vous au Président. Les festivités officielles sont terminées, les invités royaux regagnent l'hôtel de Marigny, résidence officielle des autorités étrangères en visite en France, qui se trouve dans la rue qui jouxte l'Élysée. Après s'être changé, la nuit est déjà bien avancée, il me dit : « Nous allons à l'hôtel de Marigny. » Nous faisons le tour du pâté de maisons et Mitterrand rend une visite nocturne à cette reine dont l'époux royal s'est absenté. « Ne vous méprenez pas, ce fut purement culturel et cérébral », me dit-il en sortant.

Pourtant, peu de temps après, cette visite nocturne fut rapportée aux oreilles de ce roi jaloux qui faillit bannir sa reine... mais la culture l'emporta !

Sous le soleil d'Élisabeth

Durant la période qui précéda son arrivée à l'Élysée, François Mitterrand fréquenta également à deux ou trois reprises un immeuble de la rue La Boétie où résidait une certaine madame Soleil. L'occasion m'est ainsi donnée de tordre le cou à certaines rumeurs qui attribuaient à François Mitterrand un goût immodéré pour la voyance, l'astrologie et autres sciences de la divination. Je me souviens qu'en sortant de ce genre de rendez-vous, il se montrait souriant et détendu : « On ne m'apprend rien qui ne soit dans la logique des choses », me dit-il un jour avec ce détachement fort éloigné d'un quelconque engouement.

Plus méchamment encore, il me lança une autre fois : « Ces sciences occultes ne sont que l'œuvre de prétendus oracles, seulement capables d'annoncer un jour ou l'autre sans risque de se tromper une mort inéluctable, qui est le lot commun... »

Dans les années 90, ce fut au tour d'Élisabeth Tessier d'être considérée, par ces « milieux biens informés » dont Coluche se moquait, comme la conseillère spéciale du Président ! Sans vouloir faire de peine à la principale intéressée, je dois affirmer que c'est en premier lieu la curiosité, plutôt qu'une attente angoissée de ses prédictions, qui poussa François Mitterrand à la consulter. Quant aux rendez-vous qui suivirent, ils furent plutôt motivés par, disons, les goûts esthétiques de François Mitterrand et s'espacèrent considérablement quand vinrent la guerre du Golfe et son cortège de préoccupations. Non, décidément, l'idée d'un François Mitterrand fasciné par l'occultisme est à ranger au magasin des fantasmes médiatiques.

La victoire en chantant

Je ne sais si madame Soleil avait prédit à François Mitterrand ce qui lui arriverait le 10 mai 1981... Quoi qu'il en soit, on a déjà beaucoup décrit ici et là cette journée mémorable au cours de laquelle les Français l'ont choisi comme président de la République. Comme d'habitude, l'électeur Mitterrand s'est rendu ce dimanche 10 mai dans son fief de Château-Chinon pour y accomplir avec les siens son devoir électoral. Il est entouré de Danielle, de sa belle-sœur et de son beau-frère, Christine et Roger Hanin. Une meute de journalistes et de curieux sont également présents, car, depuis quelques jours déjà, la rumeur d'une possible victoire face au Président sortant se fait insistante. Le candidat est épuisé. Deux jours auparavant, nous avons traversé la France de part en part pour clore la campagne électorale à Mulhouse d'abord puis à Nantes. On ne compte plus les heures de retard et les cadences sont infernales. En arrivant dans la Nièvre, François Mitterrand aspire à retrouver un peu de calme et de sérénité.

C'est à 18 heures qu'il sera prévenu par un coup de fil du premier secrétaire Lionel Jospin, resté à Paris rue de Solférino, que le doute n'est plus permis et que son élection est désormais tenue pour certaine par tous les instituts de sondages et leurs bataillons de prévisionnistes. Peu de temps après, on voit surgir des motards et des personnels de sécurité, signe que les temps changent. Un communiqué lu devant les caméras de télévision, un court passage à l'hôtel de ville de Château-Chinon, et nous voilà partis pour Paris, avec Danielle, ainsi qu'une journaliste que François Mitterrand avait conviée.

Il pleut à verse, je roule avec prudence, mais l'ambiance est doucement euphorique. Tout à coup, je me rends compte que Danielle fredonne *L'Internationale* et que François Mitterrand lui emboîte le pas. Je ne résiste pas à l'envie de joindre ma voix aux leurs. Drôle de chorale improvisée mais qui dit bien notre bonheur. Au dernier péage avant Paris, les motards entourent notre véhicule. Ce matin encore je conduisais seul le chef de l'opposition. Ce soir, je conduis le nouveau président de la République entouré comme il se doit d'une escorte de sécurité. Mon univers bascule. J'ai un peu de mal à apprécier la situation. Comme Danielle et François Mitterrand, je suis sur un petit nuage !

« Mais, Pierre, vous n'avez pas payé » s'exclame le patron au péage. Je lui fais comprendre que les motards ont bloqué une file uniquement pour nous. Le passage est libre, signe que la situation a radicalement changé.

« Non, non, il faut payer, me dit-il.

– Je ne peux pas faire marche arrière, monsieur. C'est la volonté des motards. Je n'y peux rien.

– Bon, allez-y », finit par concéder François Mitterrand, peu habitué encore à ces facilités protocolaires qui seront notre lot commun durant quatorze ans.

C'est ensuite la présence constante des motards qui l'inquiète.

« Dites-moi, Pierre, on ne va pas les avoir sur le dos en permanence ?

– À mon avis, monsieur, cela va bien durer sept ans !

– Mais je n'en veux pas tous les jours, moi. Il va falloir régler tout ça.

– Écoutez, monsieur, vous verrez ça plus tard. Pour l'instant ils nous accompagnent. »

François Mitterrand était tout bonnement en train de découvrir les contraintes liées à la charge suprême. Et cela ne faisait que commencer... Une fois le péage franchi, nous prenons la direction de la capitale et de la rue de Solférino où François Mitterrand va retrouver celui qui deviendra son premier premier ministre, Pierre Mauroy. Il est alors minuit passé. Une page se tourne. Mais pour le nouveau président la vie continue.

Une fois seul dans la voiture, après avoir quitté le siège du Parti et tandis que Danielle rejoint seule la rue de Bièvre, il me lance : « Pierre, on va à Saint-Germain.

– Ce soir, monsieur ? Cela risque d'être très difficile, vous savez.

– Débrouillez-vous. Moi, je veux aller à Saint-Germain. »

Les rues sont envahies par la foule et le boulevard Saint-Germain fermé à la circulation, mais nous parvenons à bon port. Il ne s'arrête qu'une petite demi-heure et nous reprenons la voiture. Les gens qui se dirigent vers la Bastille finissent par reconnaître mon passager. Ils lui font des signes, c'est l'hystérie. « J'ai l'impression d'être à la Libération de Paris », me confie François Mitterrand. On arrive enfin rue de Bièvre, où s'est massée une foule immense. Je parviens tant bien que mal à lui frayer un chemin. Mais il tient à serrer les mains qui se tendent, heureux de voir de la joie sur tous ces visages. Il finit par franchir le seuil de son domicile. « Pierre, essayez de passer une bonne nuit », me dit-il en me quittant, comme si de rien n'était ou presque. Danielle avait préparé un petit cocktail et l'on m'y avait invité. Mais j'ai préféré retrouver mes amis de la sécurité du PS. Je pars faire la fête toute la nuit. Mais je ne rejoins pas la Bastille, car j'ai envie de rester dans le quartier de la rue de Bièvre où tout le monde me connaît et où je compte de nombreux amis. C'est un peu mon camp de base et c'est là que j'ai envie de fêter cet événement exceptionnel.

Le lendemain, à 9 heures précises, je suis devant la porte de la rue de Bièvre, comme tous les autres jours. Une petite différence, cependant : désormais la rue est interdite au stationnement, bloquée des deux côtés par des barrières métalliques gardées en permanence. À mon arrivée, des gens du quartier se précipitent vers moi et me chargent de porter des fleurs à Danielle et à François Mitterrand. C'est particulièrement émouvant. En fait, ce jour-là, nous n'avons pas bougé de la rue de Bièvre. François Mitterrand, secondé par Pierre Bérégovoy, met en place, entre autres choses, la procédure de passation des pouvoirs. Et puis les visiteurs affluent : c'est l'ouverture de la chasse aux maroquins... Mais, je suis heureux de voir tous ces responsables politiques venir féliciter celui qui les a conduits à la victoire.

La journée de travail se termine vers 18 heures et François Mitterrand me dit : « Nous allons au Parti. » Il y reste deux heures. À sa sortie, une nuée de journalistes l'attend. À ce moment, il me dit : « Là, il faut faire quelque chose, car je dois aller à Saint-Germain... » Tant bien que mal, je parviens à semer les journalistes, usant de mes petits stratagèmes habituels. Ainsi qu'il me l'a d'ailleurs annoncé, il passera exceptionnellement une grande partie de la nuit là-bas...

Rencontres multiples...

« Mais laissez-les venir à moi, que je sache un peu ce qu'ils pensent, ce qu'ils ont envie de me dire. » Souvent, juste après son élection, François Mitterrand a apostrophé ainsi les policiers chargés de sa sécurité. Il aimait en effet, comme avant, se promener dans les rues de Paris et rencontrer de simples citoyens, heureux de lui tendre la main et de lui adresser la parole. Il écoutait avec intérêt leurs doléances, personnelles ou collectives. Il appréciait ce contact direct qui lui permettait de rester dans la réalité. De retour à l'Élysée, il lui arrivait d'ailleurs de convoquer son chef de cabinet ou tel conseiller pour évoquer avec eux les conversations qu'il venait d'avoir avec ces femmes et ces hommes qui venaient de l'aborder.

Au cours de ces promenades, le dispositif de sécurité était toujours le même. Dès 1983, les gendarmes du GSPR (Groupe de sécurité du président de la République) l'entouraient mais discrètement : un responsable à ses côtés, deux subordonnés devant, deux derrière, tous en civil. Rien de très voyant, donc. Et, tout au long des deux septennats, les incidents furent très rares. Immédiatement après le 10 mai 1981, il y eut simplement quelques agressions verbales, mais sans plus. Cependant, je me souviens d'un épisode assez révélateur de l'étrange climat qui régnait à l'époque, du moins dans certains milieux que la victoire de la gauche avait révulsés.

Un soir, au tout début de 1982, François Mitterrand voulut aller dîner chez *Lipp* en compagnie de Danielle, Roger Hanin, Christine Gouze-Rénal, Jack et Monique Lang. Au moment où le Président pénètre dans la salle du restaurant, on entend très distinctement un murmure. Les policiers qui nous accompagnaient sont partis. Je reste donc seul pour assurer la sécurité. L'hostilité d'une partie des clients est perceptible. Sans dresser particulièrement l'oreille, j'attrape des phrases au vol : « Mitterrand, on lui fera la peau », « Il ne restera pas longtemps ».

Au fil des minutes, le brouhaha s'amplifie nettement. Je suis réellement inquiet, car je redoute que la situation ne se détériore. J'avise alors deux policiers à l'extérieur de la brasserie et, déclinant mon identité, je leur demande d'appeler des renforts. Certains clients ne cessent de rentrer et de sortir et je crains vraiment pour la sécurité du Président. J'ai fini par appeler au téléphone le commissariat du VIe arrondissement qui a dépêché sur les lieux deux inspecteurs. Mais, à leur retour, les policiers chargés de la sécurité officielle, que je n'étais pas arrivé à contacter, m'ont presque insulté, comprenant qu'ils auraient dû être là et reportant sur moi leur faute.

En fait, c'est par son attitude que François Mitterrand est rapidement venu à bout de ce climat d'animosité profonde. Il ne s'est jamais démonté, opposant à ses détracteurs un calme olympien, comme s'il leur disait : « Vous pouvez bien vous exciter, moi j'ai gagné. » Danielle fut, elle, beaucoup plus impressionnée, pressant son époux de rentrer rue de Bièvre. « Vous avez vu, Pierre, me dit-elle, ils ne supportent pas que François soit président. »

Le jour de gloire est arrivé

Après une première semaine passée à préparer la passation de pouvoirs, arrive la journée tant attendue du 21 mai 1981, date à laquelle François Mitterrand prend officiellement ses fonctions.

La veille, en mon absence, eut lieu une scène importante pour moi. C'est un témoin digne de foi, Jacques Delors, qui me la racontera quelque temps plus tard. On pose la question à François Mitterrand : « Monsieur le Président, qui conduira votre voiture demain pour les cérémonies officielles ?

– Mais, ce sera Pierre, voyons. Qui voulez-vous qui me conduise à part lui ? Ce sera Pierre ou personne, que les choses soient claires. »

La parole présidentielle vaut décision définitive. François Mitterrand fait prévenir les services officiels. Un peu plus tard, se tournant vers moi, il me dira : « Pierre, rendez-vous demain à 9 heures. Une longue journée nous attend. Une journée dont on n'a pas l'habitude, ni vous ni moi ! »

Effectivement, le lendemain, tout sera exceptionnel. Y compris notre départ de la rue de Bièvre que pour la première fois nous remontons au lieu de la descendre comme d'habitude ! Notre Renault 30 de couleur marron emprunte le quai totalement vidé de ses voitures. Tout au long du parcours, nous voyons la foule massée sur les trottoirs, derrière des barrières métalliques. Je me souviens encore des ouvriers de l'hôtel de la Monnaie rassemblés devant leurs locaux, avec des drapeaux tricolores, chantant, heureux de participer à leur manière à cette journée pas comme les autres. Pour eux, comme pour des millions de gens en France, ce jour-là était la concrétisation de leurs espoirs. En les voyant, je ne pouvais m'empêcher de penser à ce que François Mitterrand m'avait dit deux ou trois jours auparavant : « Ce n'est pas parce que nous avons gagné que demain on va raser gratis. Il y aura du travail. On va faire ce qu'il faut mais ce sera difficile. La bataille n'est pas gagnée d'avance. »

Mais pour l'instant l'heure était à la liesse générale et c'était dans l'ordre des choses. Enfin, nous parvenons à l'Élysée. Je suis complètement concentré sur ma conduite, car je n'ai à ce moment précis qu'une seule mais légitime crainte : accrocher par accident le portail imposant du palais présidentiel ! Chacun ses préoccupations...

Les gardes m'indiquent le chemin à suivre en faisant un arc de cercle jusqu'au perron. Je me montre particulièrement docile, même si ce n'est pas la première fois que je pénètre dans la cour de l'Élysée. Je joue les débutants, mais j'y ai déjà conduit François Mitterrand à deux reprises : lors d'une garden-party donnée à l'occasion de la visite du pape à Paris, ainsi que le jour où le président Giscard d'Estaing avait convié les principaux responsables politiques français, majorité et opposition confondues. Bref, ces deux premières occasions m'avaient mis le pied à l'étrier, et j'eus le plaisir de constater que certains gardes m'avaient reconnu.

Les pièges du protocole

Je me range donc devant le perron et François Mitterrand me dit : « Pierre, à tout à l'heure. » Il est accueilli par le secrétaire général de l'Élysée qui le conduit auprès du président sortant. Pour ma part, je découvre les méandres et les arcanes du très strict protocole élyséen. L'aide de camp présidentiel se présente à moi. Où faut-il que je fasse asseoir ce militaire en grande tenue avec casquette et gants blancs ? Je fais l'erreur de le placer à côté de François Mitterrand pour les conduire à l'Hôtel de Ville de Paris. Au retour, je suis dans la voiture suiveuse. C'est ainsi que je remonte les Champs-Élysées, tandis qu'un chauffeur de l'Élysée, resté peu de temps le chauffeur de Giscard d'Estaing, conduit la CX présidentielle décapotable dans laquelle ont pris place François Mitterrand et Pierre Mauroy.

Lors de la cérémonie au Panthéon, j'assure la sécurité du Président en marchant à quatre ou cinq mètres devant lui. Par la force des choses, je dois reprendre le volant une fois la cérémonie terminée. Un vent de folie souffle sur la place du Panthéon. Les services de sécurité sont quasiment débordés, car personne n'a prévu que la foule envahirait la place, bousculant la tribune de l'orchestre. Le tout sous une pluie battante. Jouant des coudes, je parviens à nous frayer un passage pour rejoindre la voiture. Aidés par les motards qui font ce qu'ils peuvent, nous quittons enfin la place.

Mes premiers pas à l'Élysée

Je découvre mon nouveau lieu de travail, non sans un certain émerveillement. L'Élysée ne se prête guère aux impératifs modernes de sécurité mais je suis frappé par sa beauté. Au début, je prends beaucoup de plaisir à accueillir dans le hall tous ces nouveaux dignitaires qui restent avant tout pour moi des camarades et des militants socialistes. Pierre Mauroy, Gaston Deferre et tous les autres me saluent d'un : « Bonjour, Pierre, comment vas-tu ? » Inutile de dire que les huissiers de l'Élysée me regardent avec étonnement, surpris de cette familiarité avec les nouveaux ministres. L'Élysée, il faut bien le dire, est un peu devenu notre maison.

Je découvre certaines particularités de cet endroit pas comme les autres. C'est ainsi qu'un soir François Mitterrand était allé rendre visite à Anne, puis il était venu coucher dans son appartement élyséen. En sortant de la voiture, il me dit : « Vous savez, Pierre, ce qui me ferait plaisir ce soir, c'est de pouvoir manger une assiette de jambon avec des frites. » Je crois pouvoir lui répondre que sa demande ne pose aucun problème, puisque je sais qu'il y a toujours du personnel de permanence à la cuisine centrale. Je vais donc voir le chef de l'époque, Marcel Le Servot, et lui dis : « Marcel, le patron veut un jambon-frites.

– Arrête, Pierre, tu racontes n'importe quoi. Tu fais toujours des blagues.

– Mais je t'assure, Marcel. Il vient de me le demander à l'instant en sortant de la voiture.

– Non, je ne te crois pas, Pierre. »

Mais devant mon insistance et inquiet de ne pas répondre à ce qui pourrait bien être malgré tout une demande du Président, il fait réveiller le permanent de l'imprimerie et lui demande d'imprimer trois propositions de menus, dont un composé de jambon et de frites. Tout cela prend évidemment un temps fou. Et quand, enfin, la toute simple assiette de jambon parvient à François Mitterrand, il y a longtemps que ce dernier n'a plus faim ! Le lendemain matin, il m'apostrophe : « Mais, Pierre, pourquoi avoir fait aussi compliqué ?

– Je n'y suis pour rien, monsieur le Président. Ici le protocole décide de tout. Et puis les gens des cuisines ne peuvent imaginer que le président de la République puisse avoir envie de manger simplement du jambon et des frites. Alors, croyez-moi, la prochaine fois, nous ne passerons pas par eux et j'irai vous les chercher ailleurs ! »

Premiers pas officiels

Après la victoire du 10 mai, je suis donc resté le chauffeur de François Mitterrand, mais cette fois avec un statut officiel. Et je n'ai pas quitté pour autant mes habits de militant socialiste. La campagne des législatives qui suivirent l'élection présidentielle reste évidemment un grand souvenir. Si le Président n'était pas partie prenante de cette nouvelle bataille, j'y participai activement en collant de nombreuses affiches dans le secteur de Créteil, ainsi d'ailleurs que dans les Landes, pour Henri Emmanuelli. Nous étions alors euphoriques. Je me souviens de l'immense joie de François Mitterrand quand, depuis Château-Chinon, il apprit les résultats du premier tour, préfiguration de la « vague rose ». Pour le second tour, une réception était prévue à l'Élysée, et c'est en hélicoptère que nous avons rejoint la capitale.

L'heure était également à la composition d'un nouveau gouvernement assuré cette fois de détenir une majorité écrasante à l'Assemblée nationale. Pour François Mitterrand, il fallait, comme il me le dit alors, « remercier tout le monde », c'est-à-dire toutes les composantes qui avaient permis son élection. Ceux qui prétendaient à des portefeuilles ministériels faisaient le siège de l'Élysée, et c'était un ballet permanent de voitures et de visiteurs. Il ne faisait pas de doute que si Pierre Mauroy était bien le chef du gouvernement, François Mitterrand veillait lui-même à son équilibre politique, prenant garde à ne froisser aucune susceptibilité individuelle.

Il me revient en mémoire un épisode particulier de ces premières semaines de l'arrivée de la gauche au pouvoir. L'affaire fit d'ailleurs grand bruit dans la presse. Le 5 juin 1981, François Mitterrand se rendit au Salon de l'aéronautique du Bourget. La hiérarchie, soit par zèle, soit par provocation, avait fait retirer tous les missiles apparents des avions exposés. Certains murmurèrent qu'il s'agissait de prévenir un coup d'État militaire ! François Mitterrand ne découvrit cette situation qu'en arrivant sur place, lui-même n'ayant donné aucun ordre en ce sens. Il trouva la mesure particulièrement stupide, tout en comprenant qu'il était trop tard pour faire réarmer les avions. L'inauguration eut donc lieu dans ces conditions. Le président en fut agacé, jugeant que les autorités militaires avaient largement outrepassé leurs prérogatives. Il eut la sagesse de ne pas se mettre publiquement en colère mais ne se priva pas de montrer son irritation.

À Gordes...

Quelques jours après cet épisode malheureux, nous nous rendions à Suze-la-Rousse, à l'invitation du député-maire Henri Michel dont le fils était le président de la fameuse université du vin. Ce fut en quelque sorte un petit meeting improvisé, une façon pour François Mitterrand de reprendre contact avec les citoyens ordinaires, lui qui, depuis le 10 mai, n'avait guère quitté l'Élysée, accaparé par ses nouvelles fonctions et la nécessité de « faire tourner la machine ». Cette rencontre provinciale fut particulièrement chaleureuse. Le Président se retrouvait entouré d'amis politiques et fit même un bref discours sur la place de Suze-la-Rousse.

Ensuite, nous nous sommes rendus à Gordes, dans le Vaucluse, un lieu qu'il affectionnait tout particulièrement. L'une de ses conseillères, Laurence Soudet, y possédait une maison. Mais c'est chez Anne, également propriétaire à Gordes, que François Mitterrand se rendait, au moins une fois par mois durant les beaux jours. Elle y possédait une petite maison sans prétention, très rustique. Tous les habitants de Gordes savaient. Durant toutes ces années, aucun n'a parlé.

Il faut avouer que la présence des services de sécurité passait difficilement inaperçue dans ce petit village du Lubéron. Pour François Mitterrand, c'était un lieu de repos privilégié. Contrairement à Latche, il ne recevait personne ou presque à Gordes. Il y vivait en toute intimité, auprès de Mazarine et d'Anne. Malgré tout, certains membres de son entourage tentaient parfois d'acquérir une maison dans les environs, afin de se rapprocher de lui. Cette servilité l'indisposait au plus haut point. Il détestait ces pratiques de cour, dignes de l'Ancien Régime. De la même manière, certains élus locaux, prévenus par les Renseignements généraux, croyaient bon dc venir l'accueillir à sa descente d'avion, sur le petit aéroport d'Avignon. Ils se montraient ainsi beaucoup moins discrets que leurs électeurs et ce zèle avait le don d'agacer le Président. C'cst la raison pour laquelle, peu après l'élection de 1981, l'habitude fut prise d'atterrir sur la base militaire de Salon-de-Provence. Là, au moins, les militaires assuraient au Président une discrétion totale pour ses allées et venues.

À Gordes, il prenait son temps, marchant de longues heures dans la campagne, avec parfois quelques photographes à ses basques. Mais aucune de ces photos n'a été publiée. Il n'était pas difficile de faire comprendre aux journalistes qu'elles n'auraient aucun intérêt. En quelque sorte, Laurence Soudet servait d'alibi au Président : il venait se reposer dans la maison familiale de l'une de ses conseillères, telle était la version officielle ! Ces incursions à Gordes étaient d'ailleurs rapides, ne durant jamais plus de 48 heures. Souvent, nous ne restions qu'une seule journée, avant de prendre la direction de Latche : même durant les week-ends, François Mitterrand ménageait un peu de temps pour ses deux familles. Il tenait une sorte de balance égale entre Gordes et Latche.

Pierre Mauroy, le fidèle

Quelque temps après, le 30 juillet très précisément, je me souviens d'un déjeuner organisé par Pierre Mauroy à l'hôtel Matignon. Il est très rare qu'un président en exercice se rende ainsi dans la résidence de son premier ministre. « Le parc de Matignon est bien plus intéressant que celui de l'Élysée, déclara François Mitterrand à Pierre Mauroy. C'est ici que l'on aurait dû installer la présidence ! » En fait, je l'ai très souvent entendu dire que le siège idéal de la présidence de la République aurait été l'hôtel des Invalides, en raison du caractère fonctionnel des lieux. Il faut avouer que l'Élysée n'est guère fait pour accueillir chaque jour les plus de 900 personnes qui y travaillent. Aux Invalides, les choses auraient été plus commodes. Mais les autorités militaires ne se seraient certainement pas laissé faire. Et puis ce nom d'« Invalides » pour désigner le palais présidentiel...

Une quinzaine de jours plus tard, François Mitterrand rendit en quelque sorte la politesse à son premier ministre en l'invitant à Latche. Je n'ai pas assisté à cette rencontre, car j'avais pris l'habitude à l'époque de louer une petite maison près de Latche pour y passer des vacances en compagnie de ma femme et de mes enfants. Une solution idéale pour se reposer un peu, tout en restant, il faut bien l'avouer, à l'entière disposition du Président.

À vrai dire, je n'ai jamais eu le sentiment que mes fonctions auprès de François Mitterrand correspondaient à un travail, au sens contraignant du terme. Nous avions des rapports intimes et conviviaux. C'est la raison pour laquelle j'acceptais, sans l'ombre d'une hésitation, de mêler ainsi ma vie professionnelle et ma vie familiale. La première ne nuisait pas à la seconde, bien au contraire. Et je me souviens même avoir un jour accompagné mes deux garçons sur le court de tennis de la maison de Latche. Ils avaient alors treize ans environ. François Mitterrand a joué avec eux : « Ils jouent bien, vos enfants, mais ils ont une drôle d'allure », me dit-il à la fin de la partie. L'époque était à la mode punk et la coiffure de mes rejetons l'avait quelque peu intrigué !

Cet épisode, parmi d'autres, illustre bien la nature de nos rapports. Il avait cette capacité à me parler de ma famille comme si j'avais été un parent. Faut-il préciser que j'ai toujours apprécié cette simplicité à mon égard ? Il faisait preuve d'une attention sincère et j'étais touché par cette attitude à laquelle rien ne le forçait. Ma femme et mes enfants ont d'ailleurs compris ces liens si particuliers qui m'unissaient à lui.

Ils ont tout accepté car ils me savaient heureux de vivre aux côtés d'un homme qu'ils ont eux aussi adulé. Je partais au petit matin, je rentrais très tard, mais ils étaient fiers des fonctions que j'occupais. Il leur arrivait même de me voir à la télévision au cours d'un reportage ou des informations. Un père qui passe à la télé, ce n'est pas négligeable ! Plus sérieusement, ni ma femme ni mes enfants ne m'ont fait de reproches quant à cette vie professionnelle pour le moins débridée, et je leur en suis reconnaissant.

Petits secrets

C'est également au cours des premières semaines du gouvernement, le 10 juin très précisément, qu'eut lieu la première rencontre entre François Mitterrand et Pierre Marion, alors délégué général de l'Aérospatiale pour l'Amérique du Nord. Charles Hernu, ministre de la Défense, souhaitait en effet que Pierre Marion prenne la direction des services secrets français, ce qui sera chose faite une semaine plus tard en Conseil des ministres. Or, très rapidement, François Mitterrand porte sur ce personnage un jugement pour le moins contrasté. Pour tout dire, il le juge carriériste et insipide, ainsi qu'il le dit de nombreuses fois à François de Grossouvre en ma présence. Il reproche à son conseiller de lui avoir lui aussi recommandé cet homme qui, dit-il, encourage la guerre des services et fait preuve d'un manque total d'anticipation dans le domaine des affaires internationales.

Bref, les relations entre les deux hommes étaient mauvaises. Au bout de dix-huit mois seulement, le président jugea préférable de l'évincer de ce poste stratégique au profit de l'amiral Lacoste qui, lui, se « distingua » dans l'affaire Greenpeace quelques années plus tard. S'ensuivit chez Pierre Marion une rancœur tenace qui faisait vivement réagir François Mitterrand : « Comment ce personnage peut-il parler ainsi de moi et me mettre sans cesse en cause, alors que, en tout et pour tout, j'ai dû le rencontrer trois ou quatre fois ? » Le Président ne revint jamais sur ce jugement sévère.

5

Les premières années élyséennes

Avant l'arrivée de François Mitterrand à l'Élysée, à ma connaissance, seul François de Grossouvre connaissait l'existence de Mazarine. Après, évidemment, le cercle s'est élargi. Je me souviens par exemple de la façon dont Jean Glavany, alors chef de cabinet, découvrit le pot aux roses. Un jour, dans la cour de l'Élysée, il me surprend à ranger des jouets dans le coffre de la voiture présidentielle.

« Tu as des enfants ? me dit-il.

– Oui, Jean.

– Mais, enfin, ils n'ont pas l'âge de jouer avec ça...

– Non, mais en quoi cela te concerne-t-il ?

– Alors, ce que l'on raconte est vrai ?

– Si tu es au courant, parlons d'autre chose. »

En quatre phrases, Jean Glavany sut à quoi s'en tenir sans que jamais aucun nom ne fût prononcé...

Dans son ensemble, le personnel de l'Élysée ne fut au courant qu'à partir de 1984, au moment où Anne et Mazarine vinrent habiter quai Branly, puisque cet immeuble regroupe nombre de logements de fonction. Jusqu'à cette date, on naviguait entre Saint-Germain-des-Prés, Clermont et les Landes. Mais les impératifs de sécurité, entre autres, poussèrent François Mitterrand et Anne à adopter définitivement la solution du quai Branly. Aux yeux du personnel élyséen, le secret tombait alors de lui-même.

À l'Élysée, tout le monde parlait de cette affaire, évidemment. Mais chacun sut garder le silence à l'extérieur. On me voyait chaque jour avec ma voiture quai Branly, on savait que le Président y venait chaque jour. Mais rien ne filtrait vraiment. Comment expliquer cette attitude respectueuse de la vie privée du chef de l'État ? Par sympathie à l'égard d'un Président attentif à son personnel, comme il le montra en créant la crèche de l'Élysée ? Par habitude, sans aucun doute aussi, puisque chaque Président a eu ses petits secrets... Mon épouse me fait remarquer qu'il y allait aussi de l'obligation de réserve à laquelle devait se conformer un personnel très majoritairement militaire. Quant au personnel non militaire, son appartenance à la fonction publique l'incitait à la même retenue. Bref, la perspective d'une carrière brisée ou de sanctions disciplinaires toujours possibles aida beaucoup à ce que cette omerta élyséenne s'installe tout naturellement.

Les vestes qui se retournent

Ouvrons une parenthèse et faisons un saut dans le temps pour analyser l'évolution de ces attitudes. Tout changea, il faut bien l'avouer, à partir de 1992, quand il fut certain que François Mitterrand ne se présenterait pas une troisième fois. Certes, les langues restèrent muettes, mais les adhésions au RPR du personnel de l'Élysée connurent un certain regain... À chaque nouveau Président, c'est la même chose. Je me souviens qu'en 1981, à son arrivée, François Mitterrand avait informé le personnel que chacun pouvait librement se déterminer : repartir dans son service d'origine ou rester. Il avait pris le soin de préciser que, quelle que soit la décision, aucune sanction ne serait prise, évidemment.

J'ai cru comprendre que le président Giscard d'Estaing, au moment de son départ, ne s'était pas conduit ainsi. Au contraire, il avait fait savoir que chaque départ volontaire de l'Élysée serait récompensé par une prime exceptionnelle de 10 000 francs. Certains ont profité de l'occasion et sont partis en empochant cette somme rondelette dont l'attribution n'est guère à l'honneur de l'ancien chef de l'État. Mais ce dernier fut certainement surpris, lors d'une visite ultérieure, de constater qu'un bon nombre de membres du personnel avaient accepté cette prime de départ... tout en restant ! « Ah, bon, vous êtes encore là, vous », dit-il alors à certains d'entre eux. Sa « générosité » avait été fort mal récompensée. Bref, le personnel eut une conduite en général plus digne que les politiques qui, la semaine précédant le 10 mai, firent tourner à plein régime les incinérateurs de l'Élysée pour détruire des archives. Drôle de conception de la continuité de l'État.

La santé du Président

Selon le Dr Gubler, François Mitterrand aurait été malade dès 1982 et même avant son accession à la présidence. C'est une vision des choses que, pour ma part, je n'ai jamais partagée. J'ai déjà raconté comment, au sein du PS, on m'avait rapidement surnommé la « nounou » du premier secrétaire, tout simplement parce que je vivais près de lui. Lors d'un déplacement, il m'est souvent arrivé de préparer ses affaires, même intimes, pour les mettre dans sa valise, que je défaisais au retour. J'aurais donc été le mieux placé pour remarquer des pilules ou tout autre traitement, qui ne serait pas passé inaperçu.

Or je n'ai rien vu de tel et n'ai donc pas eu à me taire. Durant des années et des années je n'ai jamais vu François Mitterrand prendre le moindre cachet ou la plus petite pilule. À part peut-être, et comme tout un chacun, quelques cachets de vitamine C au cours des campagnes électorales particulièrement éprouvantes. Ce fut le cas lors de l'exténuante campagne présidentielle de 1981, avec des meetings qui n'en finissaient plus. Il a bien fallu dans ces circonstances particulières que François Mitterrand pratique l'automédication, sans pour autant mettre sa santé en danger.

Une voiture trop basse

En 1982 eut lieu un incident qui alimenta toutes les rumeurs. À cette époque, le parc automobile de l'Élysée n'avait pas encore beaucoup changé. Nous avions à notre disposition les Citroën CX utilisées par le président Giscard d'Estaing. Il fallait donc les faire rouler et les entretenir. Les deux Renault 30 qui étaient par ailleurs à notre disposition ne servaient que pour les longs trajets. Or les Citroën disposent d'un système très particulier de suspension qui met, avant le démarrage, leur plancher presque au niveau du sol, contraignant les passagers arrière à se plier en deux pour entrer dans l'habitacle.

Ce matin-là, François Mitterrand avait décidé de reprendre le golf de façon régulière et venait d'accomplir un parcours, à Saint-Germain-en-Laye, en compagnie de partenaires qui devaient le suivre au long de ses parcours futurs. Tout s'était parfaitement bien passé. Le Président était manifestement heureux de cet exercice et il avait bien joué. Or, tandis que je m'affairais pour faire entrer le sac présidentiel dans le coffre de la CX, François Mitterrand, à mon insu, était monté dans le véhicule au repos, donc en position basse.

Que s'est-il passé alors ? Faux mouvement ? Conséquence du froid ? Je l'ignore. Mais très rapidement j'entends Mitterrand pousser des plaintes de douleur : « Je me suis mal assis, me dit-il alors, je me suis fait mal au dos. » Sans autre précaution, nous retournons sur Paris. Nous pénétrons dans l'Élysée par la grande porte et, une fois le véhicule arrêté, je m'aperçois que le Président a du mal à sortir de la voiture. Je lui tends donc la main et je l'aide tant bien que mal à s'extraire du véhicule, et ce d'autant plus que la position assise avait accru la douleur. Les deux permanenciers des agences de presse accréditées à l'Élysée, l'AFP et l'AP, assistent par hasard à cette scène. Inutile de dire que les premières rumeurs sont venues de ces sources jugées en général dignes de foi. Comble de malheur, cette douleur ne lâche pas François Mitterrand durant toute la réception officielle prévue ce soir-là : il a du mal à s'asseoir, peine à se relever et à marcher. C'est la première fois que je le vois souffrir ainsi... Bref, les « témoins » se multiplient et chacun, voyant les difficultés éprouvées par le Président, se transforme immédiatement en diplômé de la faculté de médecine et pose un diagnostic aussi farfelu que péremptoire. Comme il se doit, la rumeur se fait insistante, s'amplifie, se gonfle de mille détails fantaisistes. On ne peut rien contre ce genre de phénomènes. D'autant que François Mitterrand éprouve la même gêne durant plusieurs jours d'affilée. Malgré cette douleur persistante, aucun examen médical n'est pratiqué.

Au bout d'une semaine, cependant, le Président, toujours souffrant, s'inquiète. Un médecin proche de lui, originaire des Landes, le Dr Raillard, lui apprend alors qu'il souffre d'une lombalgie sévère qu'il convient de traiter rapidement. On fait donc appel à un kinésithérapeute, mais son intervention se révèle trop tardive. C'est alors que le Dr Raillard suggère à François Mitterrand de faire appel à un chiropracteur landais qu'il connaît bien et dont il assure qu'il parviendra à éradiquer la douleur présidentielle. On propose ni plus ni moins au président de la République les services de ce que l'on appelle communément un rebouteux.

Aussitôt dit, aussitôt fait, et voilà notre rebouteux landais qui monte à Paris à ses frais. En un rendez-vous, il « remet en place » le Président qui voit son état s'améliorer très nettement dès le lendemain matin. Le rebouteux retourne dans les Landes où il attendra pendant un an que son voyage lui soit payé, ainsi que ses services... Lenteur de l'administration élyséenne oblige.

Pendant ce temps, le petit milieu politico-médiatique parisien bruissait de rumeurs plus folles les unes que les autres...

Personnellement, je pense que si François Mitterrand, durant son second septennat où la maladie n'était plus cette fois un fantasme de journaliste en mal de scoop, avait eu recours à d'autres traitements, cette maladie aurait pu être traitée en amont et avec plus de succès. Cette question n'a cessé depuis lors de me hanter.

Alerte rouge

À mesure que la santé de François Mitterrand se dégradait, une véritable nébuleuse médicale se mit à graviter autour de lui. Un souvenir terrible me revient à la mémoire. Un matin de 1994, alors que je viens le chercher quai Branly, François Mitterrand me dit : « Figurez-vous, Pierre, que cette nuit j'ai fait une hémorragie. J'ai eu peur. J'ai appelé à l'aide. Savez-vous ce qu'on m'a prescrit ? De l'Aspégic. » Je l'ai regardé interloqué, car, même sans avoir fait des études de médecine, je sais que ce traitement ne pouvait qu'aggraver l'hémorragie. Je n'étais pas au bout de mes surprises : l'histoire n'était pas terminée. Et François Mitterrand de continuer à me raconter : « Je me suis recouché. Mais au bout d'une heure, la situation avait empiré et j'ai de nouveau appelé à l'aide. » Évidemment, rien ne s'arrangea, au contraire. Et le Président tira la leçon de cette incroyable histoire : « J'ai donc décidé de mon propre chef d'arrêter d'en prendre et les saignements ont cessé. » Je suis d'autant plus affirmatif que François Mitterrand a raconté plusieurs fois, et à divers interlocuteurs, cette histoire atterrante.

Je garde également en mémoire une autre histoire tout aussi surréaliste, là encore racontée par François Mitterrand lui-même. Après avoir pris quelques antalgiques pour prévenir la douleur, le Président, comme tous les mercredis matin, se pliait au rituel de l'entretien avec son premier ministre de l'époque, Édouard Balladur, avant le non moins rituel Conseil des ministres. Malgré la gêne visuelle qu'il éprouvait alors, François Mitterrand commençait à présider le conseil. Mais, au bout de quelques minutes, il fut pris d'un véritable malaise et se retira, après s'en être excusé auprès des ministres. Par discrétion, le gouvernement restera d'ailleurs dans la salle du conseil, alors que de fait la réunion ne pouvait plus avoir lieu. Parvenant à joindre le prescripteur du médicament au téléphone, François Mitterrand reçoit cette seule réponse : « C'est embêtant, mais vous auriez pu devenir aveugle. »

Le vrai grand bluff

C'est d'ailleurs durant cette même année 1994 qu'eut lieu un autre grave épisode touchant la santé du Président. Après sa deuxième opération en juillet, François Mitterrand me dit : « Vous savez, j'ai toute confiance, car le médecin qui m'a opéré était assisté du Dr Gubler.

– Je ne crois pas, monsieur, lui ai-je alors répondu en prenant mon courage à deux mains.

– Qu'en savez-vous donc, Pierre ?

– J'étais présent à l'hôpital et je peux vous affirmer que s'il a bien assisté à votre opération derrière une vitre, il a surveillé sans intervenir.

– Comment ? Mais Gubler m'a affirmé le contraire. On n'a pas le droit de mentir ainsi au chef de l'État, tout de même », me dit-il, submergé de colère et d'indignation.

Quelques jours plus tard, le Dr Gubler était déchargé de ses fonctions officielles à l'Élysée. On comprend maintenant mieux l'attitude de ce dernier, juste après le décès de François Mitterrand. Manifestement, il n'a pas supporté d'être ainsi renvoyé du jour au lendemain, alors que cette décision aurait dû intervenir bien plus tôt. Le livre qu'il a publié fut le reflet de cette réaction épidermique. À mon sens, le Dr Gubler n'est pas sorti grandi de cette affaire.

Donjons et châteaux

Au cours de ses deux septennats, François Mitterrand fut comme il se doit entouré de nombreux conseillers élyséens. Je dois avouer que, d'une manière générale, il n'était pas tendre avec ces femmes et ces hommes chargés de l'aider dans ses fonctions. Pour eux, il pouvait avoir des mots très durs. Son attitude à leur égard pouvait être exécrable.

C'est ainsi qu'il appelait Michel Vauzelle « l'espion », parce qu'il estimait que ce dernier ne cessait d'épier ses moindres déplacements depuis les fenêtres de son bureau situé au rez-de-chaussée du palais présidentiel. Les deux journalistes de l'AFP affectés en permanence à l'Élysée avaient d'ailleurs droit à la même appellation. « Pierre, me disait-il, vous les voyez en train de tirer leur rideau quand je m'en vais ? Mais enfin, s'ils veulent me voir, ils n'ont qu'à me le demander, ils n'ont pas besoin de rester sur le trottoir ! »

Il est vrai que tous les conseillers étaient en permanence aux aguets, attendant le moindre geste présidentiel pour s'en prévaloir auprès de leurs collègues. De ce point de vue, l'Élysée ressemblait à un château, avec ses donjons, ses rivalités de cour, ses petits marquis et ses grands barons. Car, si François Mitterrand était impitoyable envers eux, les dissensions entre les conseillers étaient plus vivaces encore ! Il régnait un climat permanent de guérilla. Pas question pour un conseiller de donner à un autre des informations susceptibles de lui être utiles dans son travail. Chacun était extrêmement jaloux de son pré carré. Au fond, ils se sentaient tous en compétition les uns avec les autres. « Le président a dit... », « Le Président m'a dit... », « Le Président m'a fait dire... » Telles étaient les trois phrases clés du système élyséen, et c'était à celui qui serait le plus près en permanence de la formule magique : « Le Président m'a dit... » Ce dernier sésame ouvrait toutes les portes sur-le-champ et la décision devait prendre effet immédiatement.

Était-ce toujours véridique ? C'est la question que l'on pouvait se poser, car évidemment personne ne se serait permis d'aller voir François Mitterrand pour lui demander : « Est-il vrai que vous ayez donné cet ordre ou cette consigne à tel conseiller ? » Je peux affirmer qu'un certain nombre de décisions, heureusement de second plan, ont été prises « au nom du Président », alors que celui-ci n'en avait jamais entendu parler. À plusieurs reprises, j'ai été témoin de son agacement devant ce genre de pratiques. « Pierre, me disait-il, vous vous rendez compte, je n'étais pas au courant de cette affaire... »

François Mitterrand était le maître d'école et c'était à qui serait le chouchou du moment. Alain Boublil, par exemple, était l'un des spécialistes de cette omerta interne. Chargé des dossiers économiques, il se gardait bien de diffuser auprès des autres conseillers les informations qu'il détenait, voulant en réserver la primeur au Président. C'était un fonctionnement aberrant et qui a duré pendant les deux septennats. Tout ce petit monde se sclérosait et s'épuisait dans ces querelles intestines.

Il fallait encore compter avec le personnel permanent de l'Élysée qui participait lui aussi à cette sclérose généralisée. Je me souviens par exemple de la secrétaire du chef de cabinet du Président. Elle occupait déjà ses fonctions sous Giscard et les occupe encore aujourd'hui, alors que Jacques Chirac est président de la République. De tels records de longévité me semblent aberrants.

Régis, Max, Erik et les autres...

À propos de Régis Debray, François Mitterrand disait : « C'est notre Che Guevara, il ne restera pas longtemps avec nous. Il s'ennuie, ce n'est pas son domaine ici. » Le Président avait vu juste. Les dorures et les lambris du palais présidentiel ont vite lassé ce conseiller pas comme les autres. On peut faire un constat presque identique pour Max Gallo. Erik Orsenna, en revanche, semblait y être comme un poisson dans l'eau. Lui, il voulait tout voir. Il était curieux du fonctionnement de cette grande maison. Sa curiosité n'était jamais malsaine, il était seulement très étonné par cet univers étrange qui lui semblait être un monde à part avec ses coutumes et ses mœurs spécifiques.

« Mais vous n'avez rien dit de ce que j'ai écrit. » Cette phrase prononcée un jour par Hubert Védrine à l'intention du Président, d'autres conseillers élyséens la prononcèrent à leur tour en de multiples occasions. François Mitterrand était un lecteur pour le moins sévère des projets de discours qui lui étaient proposés. « C'est trop long », avait-il coutume de dire dans la voiture quand il en prenait connaissance avant telle ou telle manifestation officielle. Et s'il avait eu le temps de lire le projet auparavant, il lui arrivait d'entrer dans des colères noires dès lors qu'il le trouvait médiocre. Je le voyais alors prendre son stylo, entourer quelques chiffres clés pour ne retenir que l'essentiel. Et si le conseiller ainsi censuré lui en faisait la remarque, il répondait invariablement : « Je me sentais à l'aise sur le sujet, j'ai gardé vos informations essentielles et j'ai préféré passer à autre chose. Je n'ai rien dit d'inexact ? C'est ce qui compte, non ? » Le conseiller en était pour ses frais, forcé de reconnaître que le discours présidentiel ne comportait aucune faute, bien au contraire.

Un pensum hebdomadaire

Ce sens inné du discours, on le retrouvait d'ailleurs dans les fastidieuses séances de remises de décorations auxquelles tout Président doit se plier. Chaque semaine, durant quatorze ans, François Mitterrand s'est livré à cet exercice rébarbatif. Quelques heures avant la cérémonie, il s'enfermait dans son bureau et prenait connaissance des notices biographiques de chacun des futurs médaillés, soit dix à vingt personnes. Puis il restituait ces vies devant le parterre des invités, comme s'il avait personnellement connu chacune des personnes présentes. Je garde un souvenir émerveillé du brio avec lequel il accomplissait ce rituel. La maladie transforma ces cérémonies hebdomadaires en calvaire au cours des derniers mois du deuxième septennat, alors que, fin de mandat oblige, le nombre de ceux qui voulaient se faire décorer par le Président en personne ne cessait de croître. Il sortait épuisé de ces marathons en me disant : « Je ne comprends pas pourquoi tous ces gens veulent à tout prix se faire décorer, cela ne sert à rien. » Et d'ajouter malicieusement : « Et vous, Pierre, vous ne voulez pas que je vous décore ? »

Je lui ai répondu : « Moi, j'ai le poing et la rose au revers de ma veste et cela me suffit.

– Ouf, me dit-il alors, je n'aurais pas su quoi dire à votre sujet ! »

De fait, depuis mon adhésion au PS, je n'ai cessé de porter ce petit insigne. Un jour, François Mitterrand me l'avait donné alors qu'il venait de lui être offert par des militants lors d'une Fête de la rose. « Prenez-le et gardez-le, me dit-il. Tout le monde sait bien que je suis au Parti socialiste ! » Depuis cette date, il ne m'a jamais quitté.

Côté sécurité...

Dès mon arrivée à l'Élysée, j'ai organisé le service dont j'avais la charge en affectant deux chauffeurs aux déplacements officiels du Président. Le reste était de mon ressort, essentiellement les déplacements privés. Mais lorsque l'officiel et le privé se chevauchaient, c'était moi qui prenais le volant. Mes rapports avec ces deux chauffeurs furent toujours très cordiaux : nous avions chacun nos prérogatives particulières et je n'empiétais jamais sur leurs activités proprement officielles. Bien entendu, avec mes cheveux longs et mon éternelle cravate rouge, je tranchais quelque peu sur le reste du personnel. Mais personne ne s'est avisé de m'en faire reproche. J'étais le chauffeur personnel du Président : ce statut me protégeait définitivement. Pour m'épauler, je disposais par ailleurs de deux autres chauffeurs, affectés comme moi aux déplacements privés. Et j'avais à mon entière disposition le parc automobile de l'Élysée fort de ses 38 véhicules. De ce point de vue, j'étais prioritaire. Si j'avais besoin d'une voiture, elle était immédiatement mise à ma disposition sans procédure particulière. Patrick Zorapapillian occupait les mêmes fonctions que moi auprès de Danielle Mitterrand.

Les super-gendarmes

Au bout d'une année de cette organisation, nous nous sommes rendu compte qu'elle était totalement insuffisante, en raison notamment de l'augmentation croissante des déplacements privés du Président. Le Groupe de sécurité du président de la République (GSPR) est en partie né de ce constat. Christian Prouteau en fut à l'origine. Il décida la création d'un détachement de gendarmes totalement indépendant de la hiérarchie classique, au grand déplaisir de cette dernière, d'ailleurs. Dirigé par le capitaine Le Carro, le détachement est basé au camp de Satory. Ces gendarmes exceptionnels s'intègrent au dispositif habituel de protection du Président durant ses déplacements : un véhicule derrière la voiture présidentielle comprenant deux personnes en plus du chauffeur et une moto avec deux gendarmes. Mais c'est au GSPR par exemple que l'on doit la commande de voitures blindées, chose inusitée jusqu'alors.

Ces exigences de sécurité, François Mitterrand les comprenait plus ou moins. Il lui arrivait très souvent, quand nous roulions, d'ouvrir sa fenêtre.

« Vous vous rendez compte, lui disais-je alors, on a dépensé plus d'un million de francs pour s'équiper en véhicules blindés et vous ouvrez les fenêtres !

– Mais moi je n'ai rien demandé », rétorquait-il benoîtement.

Cette insouciance avait le don d'irriter le responsable de la sécurité qui venait s'en ouvrir auprès de moi, sans jamais avoir le courage de s'adresser directement au

Président, qui continua par conséquent à n'en faire qu'à sa tête. D'une certaine manière, les faits lui ont donné raison puisque nous n'avons jamais rencontré de problème grave durant les deux septennats. Bien sûr, tout était fait pour limiter les risques d'incident. Nous empruntions les couloirs de bus et les feux rouges n'existaient pas. À telle enseigne d'ailleurs qu'un jour un automobiliste, choqué de voir le cortège officiel ne pas respecter le code de la route, essaya de nous rattraper. En vain, cela va sans dire.

Je me souviens d'un autre incident, mais qui n'avait rien à voir avec un problème de sécurité. Il s'agit seulement d'une illustration parmi d'autres de la rivalité permanente entre les services de police et la gendarmerie. L'histoire se déroule durant la seconde cohabitation. Nous allons du quai Branly à l'Élysée quand, sur le chemin, nous rencontrons un autre cortège officiel conduisant Édouard Balladur et Alain Juppé vers la même destination. Notre service de sécurité a estimé qu'il était prioritaire et que les véhicules du premier ministre devaient lui céder la priorité. Ce qui fut fait, au grand dam des services de police chargés de la sécurité du premier ministre. À ce moment, les insultes et les noms d'oiseaux ont fusé entre les deux cortèges, donnant à cette scène un caractère proprement surréaliste.

Loin des cortèges officiels

Les piétons ou les automobilistes qui reconnaissaient le cortège présidentiel se comportaient plus dignement ! Ceux qui auraient été tentés de signifier leur hostilité au Président n'avaient pas le temps de se remettre de leur surprise. Quant aux autres, ils se contentaient souvent d'un petit geste amical aussi fugace que discret. Il en allait de même durant les promenades à pied. Parfois, des passants venaient à la rencontre de François Mitterrand pour échanger quelques mots, mais tout se déroulait dans un climat de cordialité et de respect. Et les occasions ne manquaient pas, car ces promenades étaient quasiment quotidiennes après le déjeuner qui avait très rarement lieu à l'Élysée.

Le Président tenait beaucoup à ces moments. Il y redevenait un simple badaud ou presque, visitant avec un plaisir évident les antiquaires, les magasins de reliure et les librairies. Car il était curieux de tout. Même de musique, qu'*a priori* il n'affectionnait guère. C'est Mazarine qui l'a fait évoluer dans ce domaine. Pour elle, il s'est intéressé aussi bien aux ballades pour enfants que, par la suite, aux Bee Gees ! « Ils ont une belle voix, me disait-il à propos de ces derniers, un peu efféminée peut-être, mais ils ont une belle voix ! » En voiture, il lui arrivait de fredonner des airs populaires, ceux qu'écoutait Mazarine précisément. Mais, pour lui, la radio était d'abord une source d'informations et nous n'écoutions de la musique qu'en attendant les flashes d'information.

Il était également le seul « chef d'entreprise » français (et quelle entreprise !) à ne pas disposer de téléphone dans son véhicule. Il me l'avait interdit et personne n'avait réussi à lui faire entendre raison. Évidemment, ce refus obstiné n'allait pas sans poser régulièrement quelques problèmes.

« Pierre, me disait-il tout à coup, je dois téléphoner. »

J'arrêtais alors le véhicule devant une banale cabine téléphonique et François Mitterrand s'y engouffrait. Une fois sa conversation terminée, je me précipitais à mon tour dans la cabine pour composer n'importe quel autre numéro.

« Mais, Pierre, que faites-vous ? » dit-il la première fois qu'il me vit agir de la sorte.

« J'efface le numéro que vous avez appelé, monsieur, car sinon n'importe qui peut le recomposer dans la foulée. Il suffit d'appuyer sur la touche *bis*.

– Ah, bon ? » me répondit François Mitterrand, cet homme que la technologie rebutait et qui découvrait ainsi que l'on pouvait l'espionner en toute impunité et à son insu.

On l'a vu, les librairies étaient un des lieux où François Mitterrand aimait à se rendre durant ses promenades digestives. Sa présence produisait son petit effet sur les autres clients, tout étonnés de croiser ainsi le président de la République. Et l'on était certain de provoquer un petit attroupement devant la vitrine de la librairie Gallimard ou de la librairie Flammarion. Mais tout se passait dans la bonhomie et François Mitterrand entretenait des relations très cordiales avec le personnel de ces magasins. Comme il ne payait qu'en liquide, il m'est souvent arrivé de lui prêter de l'argent pour l'aider à régler ses achats. Il lui arrivait souvent d'oublier ses emprunts, mais j'ai très vite mis au point un système de remboursement via le chef de cabinet de l'Élysée !

Le chagrin et le deuil

Les premières années élyséennes furent cruellement endeuillées par un terrible attentat.

Mercredi 2 novembre 1983, entourée de motards, la limousine présidentielle entre dans la cour des Invalides. L'aide de camp du président, le visage tendu, est assis à mes côtés. À l'arrière, François Mitterrand ne dit pas un mot, ses traits sont crispés. Il va rendre les derniers hommages aux 58 soldats français qui ont trouvé la mort lors d'un attentat perpétré à Beyrouth le 23 octobre. L'émotion est immense, le souvenir de l'horreur hante cette cérémonie officielle.

De part et d'autre des cercueils drapés de tricolore, se tiennent les familles et les proches de ces soldats morts pour la France en accomplissant leur devoir. Le Président est seul face aux cercueils. La pression est insoutenable, mais François Mitterrand représente la nation tout entière et il doit faire face. Une fois le protocole achevé, il va réconforter chacune des familles meurtries par cet acte de barbarie. Puis, le visage tendu et livide, le regard fixe, il remonte dans la voiture. À peine avons-nous passé les grilles du bâtiment que des larmes coulent silencieusement de ses yeux.

C'est seulement le soir, de retour quai Branly, qu'il me dira : « Quelque part, ils étaient mes enfants. Les avoir décorés de la Légion d'honneur ne les ramènera pas à la vie. Mais leur souvenir restera à tout jamais gravé dans la mémoire de la Nation. »

Un peu plus tard, il me dira : « Aucune société ne peut se développer dans la liberté sans vaincre le terrorisme. »

La passion automobile

1983, toujours. Je m'ennuie à l'Élysée. Tout devient routinier. Il me faut lutter pour ne pas quitter le palais présidentiel. Mon emploi du temps est en effet d'une banalité affligeante. J'amène François Mitterrand le matin à 8 heures à l'Élysée. Puis j'attends sans rien faire jusqu'à midi dans un bureau où je côtoie, non sans difficulté, la sécurité du président de la République, qui sait que je suis à l'origine de l'arrivée des gendarmes du GSPR. Vient ensuite le déjeuner au restaurant, avec un retour à l'Élysée vers 15 heures, le ventre plein mais la tête vide à la seule idée de devoir attendre le Président jusqu'à vingt heures... et ainsi de suite, avec quelques maigres variantes du côté de Saint-Germain et de la rue de Bièvre. Mais rien qui me permette de m'évader un peu. Quand je fais part à mes amis de mon envie de tout quitter, ils ont, comme Maurice Cartier, le patron du *Dodin Bouffant*, la sagesse de me dire : « Pierre, ne lâche pas cette place. Il y a des millions de gens qui la veulent et qui, le jour venu, ne te la rendraient pas ! »

C'est à cette période que je rencontre Gérard Larousse, patron de l'écurie Renault Sport F1, à l'occasion du mariage du fils de Guy Ligier où j'avais accompagné François Mitterrand. À cette époque, les Brigades rouges sévissent en Italie et Gérard craint pour la sécurité d'Alain Prost lors de la course de Monza. C'est pourquoi il a pensé à moi. Ma présence aux côtés du champion automobile le rassurerait. Sans en donner le motif, je demande au Président l'autorisation de m'absenter cinq jours pour suivre la course. Discrétion que la presse italienne a d'ailleurs fait voler en éclats en titrant : « François Mitterrand prête son gorille à Alain Prost. »

Ce dernier est un être exceptionnel jusque dans sa façon de haranguer les 18 000 spectateurs italiens massés face au stand et qui m'avaient fait lui dire : « Attention, Alain, ils sont très nombreux et je suis tout seul ! » Je me souviens d'avoir fait le planton, la nuit précédant la course, dans une chaise longue devant sa porte. À trois heures du matin, ladite chaise eut le malheur de céder sous mon poids, ce qui eut pour effet de réveiller tout l'hôtel. Discrétion, disais-je...

Le lendemain, Alain Prost eut aussi peu de chance que moi, puisque son moteur cassa après le troisième tour seulement. C'est dans les semaines qui suivirent cette première rencontre que, dans une boîte de nuit, Daniel Franceschi, le fils de Joseph, me proposa de faire le Paris-Dakar avec lui. Malgré son étonnement, François Mitterrand me laissa partir, en me demandant simplement de veiller à mon remplacement temporaire. Il me fallait maintenant rechercher les indispensables sponsors et veiller à la construction d'une Range Rover chez René Metge.

Le 1er janvier 1984, nous quittons la place de la Concorde pour une arrivée qui se terminera à 800 kilomètres du point prévu... Notre déception sera grande. Mais je garde le souvenir de mes rencontres avec Jacky Ickx, Michel Sardou, Claude Brasseur, Jean Todd, Daniel Balavoine... Mais quand ce dernier trouve la mort sur le rallye, en 1986, aux côtés de Thierry

Sabine, le charme est immédiatement rompu. Je retrouverai le goût de partir à l'aventure sur les routes du Paris-Dakar 89 avec mon ami Tony Georget. Tout recommence comme la première fois : la course aux sponsors, la construction du véhicule... Cette fois, nous assurons l'assistance rapide du motard Gaston Rahier. Et là encore, à 700 kilomètres de l'arrivée, le véhicule rend l'âme. Avec le recul et l'humour nécessaires, je me demande si je ne fus pas à deux reprises victime de mon anticléricalisme viscéral. Car, à deux reprises, nous sommes tombés en panne à quelques kilomètres d'une ville africaine nommée... Labbé. Cela ne s'invente pas.

Malgré ces échecs successifs, le virus de la compétition est en moi. Avec mon coéquipier Tony, durant cette même année 89, nous participons au rallye du Maroc, à la « Baja » espagnole ainsi qu'au rallye des Pharaons. Nous commençons enfin à terminer les courses. Puis nous vient l'idée saugrenue de constituer un « Star Team » composé d'Anthony Delon, Paul Belmondo et David Hallyday. Mais le projet s'arrête net quand Paul Belmondo est recruté par Toyota. Par gentillesse et par amitié, il me propose d'ailleurs de l'y rejoindre. Malheureusement, le sort s'acharne contre moi, puisque dès le départ de la course nous connaissons des problèmes de moteur. Nous participerons cependant à deux étapes libyennes, jusqu'à Sabbat, ce lieu magnifique.

Pour autant, je ne me décourage pas. Et quand Paul Belmondo me propose de le suivre dans le Dakar 91, j'accepte avec d'autant plus d'enthousiasme que, à ses côtés, j'ai la sensation de courir avec l'un de mes fils.

Notre écurie, « Nissan Dessoude », fait preuve d'un grand professionnalisme. Ce qui n'empêche pas notre aventure de s'arrêter à Agadès. Et là, il faut bien l'avouer, je craque. Il est vrai qu'entre-temps j'ai commencé à monter moi-même des rallyes. Le premier date de 1989, avec quatre Espace Renault Quadra aux couleurs du bicentenaire de la Révolution française. Il s'agit de traverser la Russie d'ouest en est pour rejoindre Tokyo. Après de multiples et longues démarches, nous avons fini par obtenir l'accord du président Gorbatchev. Mais c'est compter sans les conflits sociaux qui secouent alors la Russie, et nous nous retrouvons en Sibérie devant 200 000 mineurs en grève, juste après avoir traversé l'Oural. Nous rebroussons chemin via l'Ukraine, le Caucase, la Géorgie. Le tout dans une atmosphère électrique.

Puis nous retrouvons la Turquie que nous nous dépêchons de traverser, hantés par le souvenir du film *Midnight Express*. De fait, au passage de la frontière russe, deux molosses en uniforme, matraque dans une main et loukoum dans l'autre, nous disent : « Enfin, vous êtes libres ! » Sans demander notre reste, nous rejoignons Thessalonique, en Grèce. Cette aventure me laisse un goût d'inachevé et, en 1990, je tente de renouveler l'expérience, avec une escouade de vingt modèles « Cherokee » prêtés par Renault pour l'occasion. Mais, le ministère des Affaires étrangères m'enjoint de ne pas aller plus loin : le souvenir des événements de la place Tienanmen est encore trop présent dans les esprits. Docile, j'abandonne le projet.

Un an plus tard, le virus automobile me reprend de plus belle et j'écris à tous les chefs d'État et de gouvernement de la CEE pour leur demander de me « prêter » leur chauffeur durant un mois pour faire le Paris-Moscou-Tokyo, du 14 juillet au 16 août 1992. À mon grand étonnement, beaucoup répondirent présents. Il faut bien avouer que le soutien de François Mitterrand me fut d'un grand secours. Grâce à lui, j'étais présent à chaque sommet européen et je pouvais aborder facilement mes prestigieux interlocuteurs. C'est ainsi qu'à Dublin, j'obtins immédiatement l'accord oral du premier ministre grec Mitsotakis. C'est dans des circonstances identiques que je pus approcher Boris Eltsine, à Versailles, et recevoir toutes les assurances possibles sur les autorisations de passage et la sécurité du parcours. Ce dernier point fut pris en charge par son aide de camp, le général Korjakov. À plusieurs reprises, le sésame du président russe nous sauva la mise.

C'est donc le 14 juillet que nous descendons à 9 heures du matin les Champs-Élysées, devant des militaires médusés de voir ces vingt Espace Renault pavoisées aux couleurs de la CEE, de la Russie et du Japon. Nous prenons ensuite le chemin de l'Élysée pour y recevoir les encouragements de François Mitterrand en personne. Bruxelles, Berlin, Varsovie, Minsk, Moscou, Omsk, Novossibirsk, nous franchissons sans problème les premières étapes. Mais une première embûche nous attend en Mongolie où nous trouvons les frontières fermées pour cause de coup d'État perpétré la veille. Nous sommes contraints de faire demi-tour vers la ville de Tchita, véritable cul-de-sac qui nous conduit à embarquer véhicules et conducteurs sur un train durant 2 000 kilomètres. Puis, de nouveau la route et la traversée de la mer du Japon après 16 000 kilomètres et 32 jours d'expédition. Nous étions heureux, malgré des conditions de vie quotidienne souvent éprouvantes, avec également des moments chaleureux au contact des autorités locales notamment. Notre seul lien avec le monde occidental fut un télex satellite relié au standard de l'Élysée. C'est par ce biais d'ailleurs que François Mitterrand était informé de notre progression. Au Japon, l'accueil fut enthousiaste. Nous faisions la une des journaux. En France, l'événement fut passé sous silence ou presque... Peu nous importait au fond, car nous avions réussi cette formidable aventure humaine, à la fois individuelle et collective.

Les mésaventures de l'ami Charles

C'est en 1985 qu'eut lieu une affaire dont chacun se souvient et qui empoisonna la vie de François Mitterrand durant de longs mois. L'un de ses plus anciens compagnons, Charles Hernu, y était directement impliqué. Je veux évidemment parler de l'attentat contre le bateau de Greenpeacc, le *Rainbow Warrior*, qui eut lieu en juillet de cette année-là.

François Mitterrand et Charles Hernu étaient des amis de longue date. Ils avaient combattu ensemble dans l'opposition au sein de petites formations politiques, bien avant la fondation du PS. Et le futur ministre de la Défense faisait partie de la garde rapprochée du premier secrétaire. Avec Mermaz, Mexandeau et quelques autres, il appartenait à ce que j'ai toujours appelé « l'équipe de guerre », cette poignée d'hommes résolus, prêts à se faire hacher sur place pour François Mitterrand. Ils étaient autour de lui comme des généraux autour du chef. L'arrivée de Charles Hernu à l'hôtel de Brienne, après la victoire du 10 mai, était dans l'ordre des choses.

Jusqu'à ce mois de juillet, je n'entendis jamais le Président se plaindre de son ministre de la Défense, bien au contraire. Au cours de l'affaire, je n'ai assisté qu'à une seule scène, mais décisive. François Mitterrand avait fait monter Charles Hernu dans sa voiture. Nous n'étions donc que tous les trois. À un moment donné, le Président se tourne vers le ministre et lui dit, l'air sévère : « Dites-moi, Charles, est-ce vous qui avez donné l'ordre de couler le bateau ? » À ce moment précis, j'ai regardé dans le rétroviseur et j'ai vu Charles Hernu lui répondre, visiblement ému et sincère : « Je ne savais même pas que cela pouvait exister. » Laissant passer un silence, François Mitterrand lui a simplement répondu : « Je vous crois. »

Dès lors, le Président a estimé que l'on avait monté une machination contre son ami de toujours et qu'il n'était pas au courant de l'attentat qui se préparait. La religion de François Mitterrand : « on » avait mis son ministre devant le fait accompli, et ce d'autant plus que les relations entre le premier ministre de l'époque, Laurent Fabius, et Charles Hernu étaient notoirement mauvaises, Fabius n'appréciant guère ce ministre qui lui avait été imposé par le Président. De plus, la DGSE était elle aussi en désaccord permanent avec le ministre de la Défense...

Au cours de ce même entretien, Charles Hernu a proposé malgré tout sa démission afin de protéger le

Président et son premier ministre. « Ce n'est pas encore le moment », lui a alors répondu François Mitterrand. Chacun connaît la suite, le président de la République fut contraint d'accepter cette démission en septembre 1985, tout en conservant l'intime conviction que Charles Hernu servait ici de bouc émissaire.

6

L'exercice des pouvoirs

Un jour de juin 1982, je conduis François Mitterrand vers la rue de Bièvre, lorsqu'au détour de la conversation il me demande : « Dites-moi, Pierre, ces gens qui assurent notre sécurité, que feraient-ils en cas d'attentat ? »

J'ai préféré lui répondre clairement : « Ils tueraient le tueur, monsieur, mais certainement trop tard...

– Mais alors, Pierre, quelle serait l'équipe capable d'agir efficacement ?

– Seul le GIGN pourrait mener à bien cette mission. »

J'avais en effet appris à connaître l'efficacité de ce groupe de gendarmes puisque, étant basés à Maisons-Alfort, ils étaient mes voisins. C'est ainsi qu'est né le Groupe de sécurité du président de la République (GSPR).

La cellule élyséenne, issue de l'unité d'intervention qu'est le GIGN et que dirigeait Christian Prouteau, occupait deux petits bureaux rue de l'Élysée. Après avoir monté quelques opérations dont certaines hasardeuses, comme ce fut le cas de celle dite des « Irlandais de Vincennes », il fut décidé qu'elle s'occuperait uniquement de la sécurité privée du Président, et singulièrement de la protection de Mazarine et de la préservation du secret qui entourait alors son existence. Il fallait éviter que la jeune fille ne souffre de cette situation et délivrer François Mitterrand de toute inquiétude à son sujet. En clair, bâtir autour d'elle une sorte de cordon sanitaire pour éviter tout désagrément et toute révélation déplacée qui aurait pu gêner le Président dans l'exercice de ses fonctions officielles.

De multiples procédures ont alors été mises en place pour parvenir à ce but. À mon sens, Christian Prouteau a dans cette affaire beaucoup trop délégué et notamment à des collaborateurs finalement peu fiables. Parmi eux, le tristement célèbre Paul Barril, personnage controversé auquel Prouteau a trop fait confiance, c'est une évidence. Or, c'est lui, hiérarchie oblige, qui a dû assumer la responsabilité des actes de Paul Barril. Alors que, j'en suis convaincu, le responsable de la cellule ne savait pas tout ce qui se passait. Quant au Président, il recevait régulièrement des notes d'informations, mais je peux attester que ces notes étaient auparavant lues et triées par son directeur de cabinet. Au final, le Président n'avait en sa possession qu'une infime partie de ce que produisait la cellule à son intention.

À l'écoute de Carole Bouquet

C'est dans ce contexte bien particulier qu'il convient de revenir sur la trop fameuse affaire des écoutes téléphoniques établies par cette cellule. À l'époque, tout l'entourage de François Mitterrand s'est évidemment interrogé sur le pourquoi de cette violation de la vie privée, et singulièrement à l'égard de certaines personnes écoutées qui n'avaient pas vraiment le profil de terroristes internationaux propres à inquiéter la sécurité de l'État ! L'actrice Carole Bouquet en était l'exemple le plus flagrant. Et, soit dit en passant, l'attention que portait François Mitterrand à la gent féminine n'avait nul besoin de bretelles téléphoniques pour s'exercer en toute discrétion et en toute efficacité...

Bref, chacun à l'Élysée se demandait pourquoi cette ravissante brune faisait partie des personnalités écoutées. On eut tôt fait de découvrir le pot aux roses en la personne d'un membre du cabinet de l'Élysée dont je tairai évidemment le nom. Cet homme était fort logiquement invité à toutes les réceptions officielles de l'Élysée. Un soir, au cours de l'un de ces dîners, il s'est retrouvé assis à la table de Carole Bouquet. Personne ne lui reprochera d'avoir alors succombé aux charmes indéniables de l'actrice. Mais cette dernière n'avait visiblement pas apprécié ses avances et le lui fit savoir sans ménagement (les méchantes langues prétendent qu'elle aurait fait comprendre, en manière de plaisanterie, à son interlocuteur empressé qu'à tout prendre, dans le cénacle élyséen, elle préférerait... Dieu à ses saints...). Blessé dans son orgueil de mâle, notre homme, usant et abusant de ses prérogatives, décida alors de se venger de la manière la plus basse. Il fit en sorte que la jeune femme soit mise en permanence sur écoutes téléphoniques. Et, comme par miracle, à chaque fois que Carole Bouquet se trouvait dans un restaurant pour un déjeuner ou un dîner privé, elle y trouvait également ce personnage peu scrupuleux. Il n'y avait donc là aucune affaire d'État capable d'inquiéter la République et de menacer la démocratie, mais une simple affaire passionnelle émanant d'une personnalité de second ordre. À destination des lecteurs curieux de connaître le fin mot de l'histoire, je dirai simplement que ce petit manipulateur ne parvint même pas à ses fins... Évidemment, le Président ignorait totalement ces agissements indignes et n'était en rien mêlé à ces pratiques plus que douteuses.

Le fou du roi

Le cas de Jean-Edern Hallier est d'un tout autre genre. Avant 1981, chacun connaît l'admiration sans borne que cet écrivain portait au futur président de la République. Or, parce qu'il fréquentait beaucoup le quartier de Saint-Germain-des-Prés, Jean-Edern Hallier, sans doute à la suite d'une indiscrétion, apprit l'existence de Mazarine. Le thuriféraire de François Mitterrand s'est alors transformé en un personnage vénal et dénué de scrupules. Certains y verront une sorte de dépit amoureux, car François Mitterrand n'avait en lui qu'une confiance relative et le tenait à distance. Quoi qu'il en soit, l'écrivain s'imagina qu'il tenait là le moyen de faire pression sur lui pour devenir, par exemple, son ministre de la Culture. Mais il comprit rapidement qu'il ne parviendrait pas à ses fins. C'est ainsi qu'il décida d'écrire un pamphlet uniquement dans le but de nuire à François Mitterrand et à son entourage.

Je me souviens d'un épisode plutôt comique qui survint en 1979, lors de la campagne des élections européennes. François Mitterrand était devenu la bête noire de Jean-Edern Hallier. Un débat avait lieu à l'hôtel Sofitel de la porte de Sèvres entre les quatre principales têtes de liste, dont faisait évidemment partie François Mitterrand. Ce dernier, dans le parterre de journalistes invités pour la conférence de presse, avise Jean-Edern Hallier.

« Attention, Pierre, me dit alors le premier secrétaire, on va tout droit à l'incident. Edern Hallier est dans la salle. Il est dangereux, incontrôlable. Surveillez-le. »

À peine le débat commencé, je vois Jean-Edern Hallier s'avancer du fond de la salle, l'air résolu. Je garde mon sang-froid et je laisse simplement à mon poing le soin de frapper son plexus, en toute discrétion et bien avant que les caméras n'aient pu filmer quoi que ce soit ! Je ne manquais pas de punch, puisque l'écrivain s'est retrouvé plié en deux, le souffle coupé, incapable de poursuivre son chemin. La sécurité du Sofitel elle-même n'y a vu que du feu, évacuant prestement ce malheureux journaliste pris d'un léger malaise. L'incident n'avait duré que quelques secondes, mais François Mitterrand, lui, avait tout suivi du regard.

« Mais que s'est-il donc passé ? m'a-t-il demandé, faussement candide, à l'issue du débat.

– Je ne sais pas, lui ai-je répondu sur le même ton, il est tombé tout seul, il a dû avoir un petit malaise.

– Bon, on l'a échappé belle », conclut-il.

Pour en revenir au livre de Jean-Edern Hallier, tout le monde sait bien que les éditeurs subirent alors de la part de l'Élysée des pressions pour garder dans leur tiroir ce brûlot ordurier. Pressions plus légères qu'on ne l'a dit. De fait, aucun éditeur digne de ce nom ne tenait vraiment à prendre pour cible la présidence de la République. La presse dans son ensemble réagit d'ailleurs de la même façon. Des esprits malveillants constateront sans peine que ces réticences disparurent après 1993, dès lors que chacun savait que François Mitterrand ne se présenterait pas une troisième fois à l'élection présidentielle. Les subventions que l'État verse à ce secteur ne sont peut-être pas pour rien dans ce silence à calendrier variable.

Pour ma part, je suis certain que, si en 1986 François Mitterrand avait annoncé qu'il ne se représenterait pas à l'Élysée, les journaux auraient révélé le lendemain matin au public l'existence de Mazarine. Car, dès 1982, toutes les agences de presse disposaient de photos de Mazarine et d'Anne. Dans ces milieux, il s'agissait d'un véritable secret de Polichinelle.

On assistera peut-être à d'autres déballages le jour où l'on saura que Jacques Chirac est proche de la fin de ses fonctions présidentielles. Pierre Bérégovoy a subi des attaques de ce genre. On sait ce qu'il est advenu. François Mitterrand, en l'occurrence, avait bien raison de parler des « chiens »... Il faudrait assurément un peu plus de prudence. Éviter les boucs émissaires, comme dans l'affaire Tibéri. L'actuel maire de Paris est un ami que j'ai connu dans les années 60 : j'ai collé des affiches pour lui, alors qu'il était le suppléant de René Capitant. Pour ma part, je pourrais citer quelques épouses d'élus de gauche qui ont été elles aussi fort bien rémunérées durant des années pour des emplois qui ne leur donnaient guère de peine... Dans le même ordre d'idées, comment ne pas être choqué du sort réservé à Gérard Longuet et Michel Roussin ? La justice les a blanchis, mais la presse n'a guère réservé de place à ce rebondissement. Et je le dis avec d'autant plus de force que ces anciens ministres n'appartiennent pas à mon camp et que je ne les ai jamais rencontrés.

Un homme d'honneur

François Mitterrand a toujours pris en public comme en privé, y compris devant moi, la défense de Christian Prouteau qu'il avait d'ailleurs promu au rang de préfet. Il n'est pas habituel qu'un président de la République défende devant des caméras de télévision l'honneur et l'action de l'un de ses subordonnés. C'est pourtant ce qu'il fit à plusieurs reprises. Autant dire qu'il était très affecté, considérant que l'on instruisait un mauvais procès. Désormais, depuis la mort de François Mitterrand, Christian Prouteau est un homme seul, aux prises avec des problèmes financiers. Et pourtant, à une époque, le staff élyséen ne jurait que par lui. Mais tout le monde s'est détourné de lui. Je trouve le procédé indigne et je plains sincèrement cet homme rejeté de tous, contraint de défendre sa probité, alors qu'il n'a jamais manqué à sa parole. Et l'action judiciaire qui est en cours contre lui le condamne au silence. Il ne peut rien révéler sous peine que ces révélations se retournent contre lui. C'est réellement une situation affligeante.

Une première cohabitation

François Mitterrand savait que les élections législatives de 1986 seraient un échec pour la gauche. Il en parlait très librement alors. D'une certaine façon, je me suis demandé à l'époque s'il ne souhaitait pas cette cohabitation future afin de ménager l'avenir. Il pressentait que la droite s'épuiserait rapidement à Matignon et que la gauche serait mieux placée pour l'élection présidentielle de 1988. Les faits lui ont donné raison. Autant dire que, dès 1986, il se préparait lui-même à être de nouveau candidat à l'Élysée deux ans plus tard. Et François Mitterrand n'était pas mécontent de savoir que, au cours de cette période, un premier ministre issu de la droite devrait affronter un climat social tendu et une situation économique difficile. C'est la raison pour laquelle il accepta plutôt bien l'échec des législatives. Telle est en tout cas l'impression que me laissèrent nos conversations de l'époque. Il n'y était pas indifférent certes, mais il ne s'agissait pour lui que d'une crise à surmonter, d'un obstacle à franchir. Les défaites de 1974 et 1978 l'avaient de ce point de vue rendu philosophe.

« Avec un Président de gauche au-dessus de lui, il va se faire les dents », voilà ce que me dit un jour François Mitterrand après la désignation de Jacques Chirac comme premier ministre. En les voyant tous les deux, j'ai toujours eu l'impression que François Mitterrand était le maître et Jacques Chirac l'élève.

Je me souviens ainsi d'un épisode qui survint au retour d'un voyage officiel, peu de temps après le début de cette cohabitation inédite. C'était au début du mois de juillet, à Roissy. Comme le protocole républicain l'exigeait, les ministres et le premier ministre étaient venus accueillir le Président à sa descente d'avion, dans le grand salon officiel prévu à cet effet. Il est tard, on se salue, on échange donc quelques politesses d'usage, et très vite vient le temps du départ.

C'est Jacques Chirac le premier qui propose au Président de le raccompagner à l'Élysée dans le véhicule de Matignon. Mais François Mitterrand décline l'invitation : « J'ai mon chauffeur, mais si vous voulez, venez avec moi, je vous raccompagne. » Flatté, Jacques Chirac accepte et s'empresse de proposer son chauffeur à Danielle Mitterrand qui décline à son tour l'invitation. La sollicitude dont faisait preuve Jacques Chirac montrait à quel point il avait envie de faire le voyage avec le Président, combien il se sentait honoré de cette proposition.

Or, au moment de monter dans la voiture, François Mitterrand se tourne vers son premier ministre et lui lance : « Bien, au revoir, à demain matin pour notre petit déjeuner en commun. » Et dans la foulée, il invite le secrétaire général de l'Élysée à l'accompagner. Jacques Chirac est resté comme pétrifié, sans voix. François Mitterrand venait de lui faire comprendre qui était le seul maître à bord. Même dans une occasion aussi minime, c'est lui qui décidait.

À cet instant, je crois qu'il s'est produit une sorte de déchirure dans l'esprit du nouveau premier ministre : chacun devait rester à sa place. Je ne pense pas qu'il ait pris la volte-face de François Mitterrand comme une injure personnelle. Il fut simplement comme l'élève face au professeur. J'ai vu l'expression de son visage à ce moment précis et c'était assez émouvant. Le cortège officiel du Président l'a laissé en plan, debout, seul, isolé. François Mitterrand aurait voulu signifier à Jacques Chirac son statut, la place qu'il lui attribuait une bonne fois pour toutes, qu'il ne s'y serait pas pris autrement. Moralement, François Mitterrand a giflé Jacques

Chirac. J'ai eu pour ma part un coup au cœur devant cet homme manifestement désemparé et blessé. Mais c'était mal connaître François Mitterrand que de penser qu'il aurait pu céder un pouce de ses prérogatives et de sa position. Il adopta d'ailleurs ce genre d'attitude à plusieurs reprises au cours de ses deux septennats.

Vers une nouvelle campagne...

« C'est quoi cette manifestation ? me demande François Mitterrand.

– Les étudiants défilent contre la loi Devaquet, monsieur.

– Ils ont tort, je ne les comprends pas, c'est une bonne loi, peut-être la seule bonne réforme du gouvernement de Jacques Chirac. »

Ce bref échange nous l'avons eu dans la voiture près de l'Alma. Il reflète assez bien l'état d'esprit du Président durant la première cohabitation. Presque rien de l'action gouvernementale ne trouvait grâce à ses yeux. Il avait le sentiment que la politique du gouvernement favoriserait *a contrario* sa candidature le moment venu. « Il est premier ministre, il travaille, disait-il de Jacques Chirac, mais il s'épuise, il est toujours en campagne, toujours à serrer des mains ! » Et l'Élysée était alors comme une ruche bourdonnante. Chaque conseiller avait en charge un ou plusieurs secteurs ministériels et informait le Président dossier par dossier. C'était un peu comme si la présidence de la République formait un contre-gouvernement permanent.

François Mitterrand profite de cette période pour sillonner la France, dans une sorte de précampagne électorale qui ne dit pas son nom mais dont personne n'est dupe. Il va à la rencontre des gens. Il explique la politique qu'il souhaiterait mettre en œuvre. Et généralement les Français lui réservent un accueil favorable. Il ménage également du temps pour sa vie privée. Les week-ends avec Anne et Mazarine se prolongent, les parties de golf se font plus fréquentes. En un mot, il profite de la cohabitation à tout point de vue.

Contrairement à ce qu'avaient pu craindre certains membres de l'entourage présidentiel, à aucun moment la cohabitation n'a pesé sur la vie privée quelque peu compliquée de François Mitterrand. Autrement dit, la droite n'a pas tenté de profiter de l'occasion pour le déstabiliser. La droite ou du moins Charles Pasqua, qui était alors le puissant ministre de l'Intérieur que l'on sait. Il a fait tout ce qu'il fallait pour que le Président ne ressente aucune gêne de ce point de vue. Concernant sa sécurité et la préservation de sa vie intime, il fut un ministre aussi scrupuleux que n'importe lequel de ses prédécesseurs socialistes !

À nouveau, la victoire

Plus on approchait de l'élection présidentielle, plus on sentait François Mitterrand serein. « Vous verrez, me dit-il un jour à propos de Jacques Chirac, le moment venu, les giscardiens ne lui pardonneront jamais ce qu'il leur a fait en 1981. » Évidemment, cette seconde campagne présidentielle n'eut pas grand-chose à voir avec celle de 1981. Tout était prévu, calibré, officiel. Certes, durant les meetings, je retrouve mes habits de garde du corps personnel, mais les choses sont différentes, la sécurité très présente et mieux organisée. Pour moi, c'est une période heureuse, je me retrouve sept ans en arrière, replongeant avec plaisir dans l'ambiance militante.

Je constate que François Mitterrand est également sensible à cette atmosphère, mais, à chaque fin de meeting, je le sens pressé. Pressé de rentrer quai Branly pour retrouver sa fille. Sa véritable joie de vivre est là. Et d'ailleurs Mazarine, à plusieurs reprises, assiste incognito à des meetings de son père. Elle est en général au cinquième ou sixième rang, debout et non pas assise parmi les invités officiels. Ces soirs-là, je voyais que le regard de François Mitterrand cherchait celui de sa fille dans la foule. Il se passait quelque chose, car il était manifestement troublé par la présence de Mazarine. Quant à Anne, sa présence fut plus discrète encore.

L'autre temps fort de cette campagne fut certainement le débat télévisé avec Jacques Chirac, entre les deux tours. Les conseillers de l'Élysée avaient préparé d'arrache-pied cette rencontre cruciale. J'ai conduit le Président en voiture jusqu'au studio d'enregistrement. Avec lui se trouvait Jacques Pilhan, son conseiller en communication le plus proche, dont il appréciait le grand professionnalisme. Pilhan avait sur François Mitterrand un réel ascendant. C'est lui qui lui avait fait perdre l'habitude de cligner des yeux tout en parlant. Il préparait les interventions présidentielles au geste près, à l'intonation près. Après ce débat que chacun garde en mémoire, nous sommes rentrés à l'Élysée pour une petite réception.

« Comment m'avez-vous trouvé, Pierre ? me demanda François Mitterrand durant le trajet.

– C'était très bien, vous l'avez mouché à plusieurs reprises. » Ma réponse était d'autant plus sincère qu'il m'était arrivé en d'autres occasions de lui faire part de mes critiques.

« J'ai été dur, a-t-il repris, mais il le méritait. On n'a pas le droit de mentir comme ça. »

Le Président faisait essentiellement allusion à la brève mais terrible passe d'armes entre les deux hommes autour des conditions de libération des otages français du Liban. Cette affaire l'avait beaucoup agacé. Durant les jours précédents, il m'avait dit : « Regardez-les, ils croient que cette libération va les faire gagner, mais les Français ne sont pas aussi stupides. Tout le monde sait bien que les otages auraient pu être libérés plus tôt, mais ils ont préféré attendre le dernier moment pour le faire. C'est indigne. »

7

Des temps difficiles

Le départ de l'enfant terrible

Le 28 janvier 1991, Jean-Pierre Chevènement, ministre de la Défense du gouvernement Rocard, présente sa démission au président de la République, alors que, depuis onze jours, les forces françaises sont engagées dans l'opération « Tempête du désert ». Cette décision pourtant attendue fut un déchirement pour le Président qui, tout en comprenant les motivations de celui qui fut toujours son enfant terrible, ne pouvait accepter ces réserves et ces critiques. Car, contrairement à moi qui redoutais les conséquences humaines de ce conflit et voyais d'un mauvais œil l'hégémonie américaine se manifester une fois de plus, François Mitterrand croyait à la justesse de cette intervention militaire contre Saddam Hussein. « Notre présence est nécessaire autant qu'obligatoire, m'expliqua-t-il peu de temps après cette démission. Si Chevènement n'aime pas ce conflit, il lui fallait quitter ses fonctions dès les premiers combats et non au beau milieu de la bataille. »

Notre conversation n'alla pas plus loin. Au fond de moi-même, en effet, je restais très sensible aux arguments de Jean-Pierre Chevènement. CERES un jour, CERES, toujours ! Je ne rougis pas de cette fidélité-là. Elle est d'ailleurs la preuve que l'admiration que je n'ai cessé de porter à François Mitterrand durant toutes ces années ne m'a jamais empêché de garder mon libre arbitre.

Le complot machiste

Ayant contraint Michel Rocard à démissionner de Matignon, François Mitterrand fit appel le 15 mai 1991 à Édith Cresson, une fidèle parmi les fidèles. Il est inutile de revenir sur les déboires que connut ce gouvernement durant sa courte existence. De toute évidence, l'ensemble de la classe politico-médiatique avait décidé d'entrée de jeu que cette femme ne serait pas un bon premier ministre. Ses plus farouches détracteurs se recrutèrent d'ailleurs dans son propre camp. Certes, Édith Cresson n'avait pas forcément mis tous les atouts de son côté, notamment en s'adjoignant les services d'un personnage controversé qui exerçait les fonctions de conseiller spécial à Matignon, Abel Farnoux. Elle devait en outre compter avec un gouvernement en partie hostile à sa personne comme à son action. Mais elle ne méritait absolument pas cette curée indigne dont les motivations n'étaient pas politiques, ainsi que François Mitterrand me l'a dit un jour : « Pourquoi sont-ils aussi misogynes, et peut-être plus à gauche qu'à droite, ne trouvez-vous pas, Pierre ? » En quelques mots, il avait magistralement résumé la situation et son absurdité profonde.

C'est dire si la démission d'Édith Cresson affecta le Président. Il avait beaucoup misé sur cette nomination, déclarant notamment : « Cela va faire changer la France et les mentalités. » Les jalousies, les vieilles haines et la bêtise viscérale de certains auront raison de cette volonté réformatrice qu'aurait effectivement pu incarner Édith Cresson. Manifestement, « ces messieurs » ne sont pas près d'accepter d'être dirigés par une femme au plus haut niveau. Et dire que certains, à propos de François Mitterrand, parlaient d'archaïsme. Dans l'affaire Cresson, les archaïques n'étaient certainement pas à l'Élysée.

L'assaut des chiens

1992. Cette année-là, un homme important de la galaxie mitterrandienne devait voir son destin se transformer. Pierre Bérégovoy fut d'abord un homme de l'ombre, au Parti socialiste d'abord, à l'Élysée ensuite. Cet homme aux origines modestes était en effet rapidement devenu un proche de François Mitterrand. Il était chargé des missions délicates, notamment au moment de l'actualisation du Programme commun. Ils tissèrent des liens de complicité et d'amitié que seule la fin tragique de Pierre Bérégovoy devait interrompre.

Or, en 1991, cet homme qui avait fait ses preuves au ministère de l'Économie crut que François Mitterrand allait le nommer à Matignon en remplacement de Michel Rocard. On sait que c'est Édith Cresson qui fut choisie. Pierre Bérégovoy en éprouva du dépit et ses relations avec Édith Cresson tournèrent très rapidement à l'aigre, chacun faisant régulièrement appel au Président pour lui faire jouer le rôle d'arbitre dans des conflits de plus en plus nombreux. Cette situation lui déplut profondément.

Le départ d'Édith Cresson en avril 1992 mit un terme à ce conflit, et Pierre Bérégovoy put légitimement penser qu'il avait gagné la partie en accédant à son tour au poste de premier ministre. Jusqu'en février 1993, tout se passe bien. François Mitterrand, en dépit des assauts de la maladie, apporte son soutien à la nouvelle équipe gouvernementale. Mais, en février, la machine se dérègle : le premier ministre est convaincu d'avoir reçu un prêt sans intérêt de l'industriel Roger-Patrice Pelat. Une campagne de presse commence alors qui fragilise considérablement Pierre Bérégovoy. Et le calendrier politique s'en mêle puisque la majorité présidentielle perd les élections législatives. Remplacé par Édouard Balladur pour une deuxième cohabitation, Pierre Bérégovoy doit vivre avec cet échec, tout en traînant derrière lui l'affaire du prêt gratuit. Cet homme de gauche, ce militant de toujours, est ébranlé par l'injustice de ses accusateurs. Je me souviens que, dans la nuit du 30 avril, il appelle à l'Élysée François Mitterrand, via la permanence téléphonique installée depuis 1981. Le Président, une nouvelle fois, le rassure et lui fait part de son soutien dans cette épreuve qu'il ne mérite pas. Le Président, alerté par Michel Charasse, n'ignore rien des intentions suicidaires de son ancien premier ministre, comme de sa peur viscérale d'une incarcération toujours possible. Ces peurs-là minent Pierre Bérégovoy, et François Mitterrand lui-même ne parvient pas à les atténuer.

Samedi 1er mai, c'est comme un coup de tonnerre sous les plafonds dorés du palais élyséen. François Mitterrand est dans son bureau quand on vient l'informer du suicide de Pierre Bérégovoy. Une immense tristesse l'accable. Viendra ensuite le temps de la haine à l'égard de « chiens » qu'il évoquera quelques jours plus tard, au cours de l'oraison funèbre qu'il prononcera à Nevers. Mais, sur le moment déjà, les mots semblent impuissants à exprimer la colère qui l'anime : « Les salauds... », dira-t-il en ma présence le soir même dans la voiture qui le ramène de l'Élysée au quai Branly. « Ils ne lui ont rien épargné. Les poubelles n'étaient pas assez grandes pour y cracher leur venin. Ce sera une terrible absence. »

C'est le 4 mai qu'eut lieu la cérémonie de Nevers où il s'est rendu en avion. Je le conduis ensuite jusqu'à la place de la mairie. Là il s'efforce de consoler Gilberte Bérégovoy, femme digne et abattue. Il lui dit son dégoût devant les méthodes employées et les racontars sordides. Face à tout cela, il ne peut que réaffirmer son amitié et sa solidarité. L'épreuve du cimetière puis la visite au domicile de Pierre Bérégovoy feront de cette journée l'une des plus noires de la vie de François Mitterrand, je veux en témoigner ici.

Mitterrand, l'Européen

Le 3 septembre 1992, François Mitterrand jette toutes ses forces dans la campagne pour la ratification du traité de Maastricht en participant à une émission télévisée animée par Guillaume Durand sur TF1. Prestation décisive pour la victoire du « oui », mais prestation épuisante pour un homme que la maladie ronge visiblement. Lors d'une coupure publicitaire, ses douleurs lancinantes l'ont contraint à se faire administrer un antalgique. Il put ainsi terminer ce débat de haut vol sans que son épuisement physique soit trop visible.

Les échanges avec son principal contradicteur, Philippe Séguin, furent de l'avis même de François Mitterrand placés sous le signe de la cordialité, du respect mutuel et du dialogue républicain. Il fut plus sévère sur sa propre prestation et me déclara à l'issue de la confrontation : « Je pense avoir été convaincant, mais je n'ai pas été le meilleur. » Quant à moi, j'avais été favorablement impressionné par la loyauté de Philippe Séguin au cours du débat.

Un passé qui ne passe pas...

C'est le 12 septembre 1994 qu'eut lieu l'interview télévisée qu'accorda François Mitterrand à Jean-Pierre Elkabbach, à la suite de la publication de l'ouvrage de Pierre Péan sur la jeunesse du président de la République. Le personnage de René Bousquet était évidemment au centre de toutes les polémiques. Pour ma part, je peux affirmer sans risque d'être démenti que je n'ai jamais vu ni rencontré ce personnage. François Mitterrand m'en avait toutefois parlé au moment du procès Bousquet : « C'était un homme que je trouvais agréable, je l'ai vu avec plaisir. Il était d'ailleurs apprécié dans les milieux préfectoraux et de gauche. Et puis il avait été acquitté par la Haute Cour de justice, alors que dire de plus ? » m'a-t-il dit d'un ton agacé.

Les attaques lancées contre lui le révulsaient, surtout lorsqu'elles venaient de son propre camp. Fabius et Jospin notamment n'avaient pas hésité à relayer certaines critiques. Venant de ses anciens dauphins, ces accusations lui faisaient encore plus mal et l'offensaient gravement. Il ne supportait pas les donneurs de leçons drapés dans leur nouvelle vertu qui instruisaient à son encontre des procès en sorcellerie. Tout cela lui semblait disproportionné. Que fallait-il alors penser d'un de Gaulle utilisant les services de Maurice Papon ? Ou bien encore d'un Chaban-Delmas, d'un Couve de Murville qui, eux aussi, avant d'entrer dans la Résistance firent un passage à Vichy ? François Mitterrand se demandait d'où pouvait bien venir tant de haine concentrée sur lui.

Une épreuve télévisée

Cette même année, il participa également à l'émission littéraire de Bernard Pivot sur France 2. Il en garda un fort mauvais souvenir. La veille, pourtant, il était dans une forme éblouissante, sa maladie le laissant manifestement en paix. Il avait pu préparer l'émission avec toute la concentration nécessaire. Mais, le lendemain matin, il se leva épuisé par des douleurs nocturnes à répétition. Et cette fatigue physique ne devait pas le quitter de la journée, y compris au cours de l'enregistrement. Tant et si bien qu'à un moment Bernard Pivot lui proposa de repousser à plus tard leur rendez-vous. François Mitterrand refusa et c'est le visage cireux, crispé par la douleur, qu'il apparut sur le petit écran ce soir-là. Le retour quai Branly fut des plus douloureux. « À demain huit heures, Pierre », me lança-t-il une fois rentré chez lui pour bien me signifier que, au-delà de la maladie et de ses attaques, la vie continuait. À cet instant, il aurait été en droit de se laisser aller et de ne pas penser aux obligations du lendemain. Il n'en fit rien, nouvelle preuve de sa force intellectuelle et de la solidité de son moral jusque dans les moments les plus difficiles.

8

Mitterrand privé

Avec l'amitié, on sait que la famille comptait beaucoup pour François Mitterrand. C'est ainsi que tout au long de ses deux septennats, il n'a jamais manqué le dîner annuel au cours duquel se retrouvait toute sa famille, sœurs et frères, bien entendu, mais également neveux, nièces, cousins... Au total entre 150 et 200 personnes qui venaient à l'Élysée un vendredi soir. La date de ce rendez-vous familial changeait d'une année sur l'autre, mais le rituel était parfaitement établi. Je dois dire que tous ces gens étaient d'une extrême gentillesse et leur réunion faisait plaisir à voir. Un jour, Frédéric Mitterrand a fait mine de raccompagner Danielle et François Mitterrand sur le perron de l'Élysée, en leur lançant un retentissant : « Au revoir et merci d'être venus ! » Tous les trois étaient pliés de rire. Roger Hanin et son épouse faisaient évidemment partie des invités. Ils se voyaient au moins une fois par semaine, lors d'un repas rue de Bièvre ou au restaurant. François Mitterrand adorait la compagnie de son beau-frère qui le mettait en joie. À son contact, le Président redevenait un enfant. Et malgré cette familiarité, je crois que

Roger Hanin n'a sans doute découvert l'existence de Mazarine que trop tardivement, en même temps que tous les Français, lorsque *Paris-Match* en fit sa une.

Le côté de Jarnac

En dehors de ces dîners, François Mitterrand voyait régulièrement ses frères et ses sœurs. Il rendait une ou deux fois par an visite à son frère Philippe, resté dans les Charentes natales et avec lequel il entretenait une relation privilégiée. Il aimait se rendre chez lui, à côté de Jarnac, et retrouver ainsi ses racines. J'ai toujours eu le sentiment que c'était là qu'il se trouvait le mieux. Il avait avec cette terre de ses ancêtres un rapport charnel et affectif incomparable. Il allait s'y recueillir sur la tombe de ses parents. Il couchait dans la maison familiale qui appartenait à l'une de ses sœurs. J'ai un jour visité cette maison en sa compagnie. Ce fut un moment très émouvant pour moi, car j'ai ressenti le lien affectif puissant qui le liait au lieu de son enfance. Il m'a ainsi montré la chambre où il est né.

Lors d'une autre visite, alors qu'il était président de la République, François Mitterrand m'a conduit dans un petit hangar qui jouxte la maison familiale. Là, il s'est emparé d'une bouteille vide et me l'a tendue en me disant : « Tenez, Pierre, c'est pour vous, lisez l'étiquette. » Et je découvris alors la mention « Vinaigrier Mitterrand ». Cette plongée dans le passé professionnel de sa famille était pour le moins cocasse. Sur le moment, j'ai pensé à l'une des vertus du vinaigre. Si ce dernier ne permet pas, comme le dit la sagesse populaire, d'attraper les mouches, tout bon jardinier sait bien qu'il s'agit du produit idéal pour éviter que les pucerons n'envahissent les roses... Peut-être un clin d'œil de l'Histoire...

François Mitterrand était d'autant plus attaché à cette maison, même s'il n'en était pas le propriétaire, qu'elle était en fait le seul lien avec la lignée Mitterrand. Il y allait pour se ressourcer, retrouver ses souvenirs d'enfance. Chacun connaît son attachement aux racines familiales, sa passion pour l'Histoire en général et pour les choses du passé. À Jarnac, il se retrouvait lui-même. C'était sa terre. Comment s'étonner dès lors qu'il ait choisi cet endroit comme dernière demeure ?

L'amitié jusqu'au bout

On a souvent évoqué la fidélité sans faille de François Mitterrand à l'égard de ses amis. Georges Dayan était au premier rang de ce cercle d'amis et sa disparition, survenue avant le premier tour de l'élection présidentielle de 1981, l'a beaucoup affecté. Il avait été le confident politique du futur président de la République, jouant auprès de lui un véritable rôle de fédérateur. Paradoxalement, malgré cette grande proximité, je peux affirmer que Georges Dayan n'a jamais soupçonné l'existence de Mazarine, et ce jusqu'à sa mort. Preuve manifeste de l'art avec lequel François Mitterrand cloisonnait sa vie privée. Et pourtant, Georges Dayan était très intrigué : régulièrement, il me demandait qui étaient ces amis chez qui François Mitterrand se rendait à Saint-Germain-des-Prés.

« Mais enfin, Pierre, me disait-il, qui sont ces gens ? Il va les voir souvent ?

– Ce sont des amis.

– Je ne les connais pas, moi ?

– Si, Georges, tu dois les connaître, évidemment, mais il préfère la discrétion. À moins qu'il n'ait tout simplement oublié de t'en parler... »

Nous en restions toujours là. Georges Dayan s'abstenait d'aller plus loin, de poser d'autres questions qui auraient pu me mettre dans l'embarras. Et jamais il ne questionna François Mitterrand à ce sujet.

Ultime marque de cette proximité : le tutoiement. François Mitterrand, on le sait, n'avait pas le tutoiement facile, et bien des militants du Parti socialiste l'apprirent à leurs dépens, eux qui croyaient que le premier secrétaire était un camarade comme un autre. Seul Jacky, militant de base de Château-Chinon, y était autorisé, et le Président prenait un malin plaisir à voir ce militant anonyme jalousé et envié pour cette seule raison. Même Georges Marchais, son principal interlocuteur au temps de l'Union de la gauche, dut ravaler son tutoiement. En fait, François Mitterrand ne tutoyait et n'était tutoyé que par sa famille et ses anciens compagnons de résistance. Georges Dayan donc, mais aussi Georges Beauchamp, Jacques Chaban-Delmas, Pierre Guillain de Bénouville, Edgar Faure, François Dalle et Jean Védrine furent à ma connaissance les seuls à pratiquer avec lui le tutoiement.

François de Grossouvre, lui, occupait une place à part. Il était l'homme des relations officieuses, des rencontres occultes. Tout de suite après la victoire de 1981, il eut un bureau à l'Élysée. Les premières années, tous les soirs ou presque, François Mitterrand le faisait appeler auprès de lui, dans son bureau. Ensuite ils rentraient ensemble quai Branly, où François de Grossouvre avait aussi un appartement de fonction, juste au-dessus de celui occupé par Anne et Mazarine. Ce conseiller pas comme les autres était particulièrement fier de ce moment quotidien passé avec le président de la République. Il avait l'impression d'être son confident unique. Mais, au fil des années, cette relation s'est lentement dégradée. François de Grossouvre avait l'impression d'être l'alibi de François Mitterrand, notamment à cause de l'appartement du quai Branly. Il convient également de dire que le Président ne ménageait pas son conseiller. Je me souviens d'échanges orageux dans la voiture. Personne, à part moi, n'était témoin de ces discussions très vives entre les deux hommes. Ainsi, un soir :

« Président, disait François de Grossouvre, nommez-moi ambassadeur itinérant, je m'ennuie à l'Élysée. J'ai besoin de bouger. Je pourrais vous être utile à l'étranger.

– François, lui répondit le président, vous avez vu votre âge ? Pensez donc à vos chevaux et restez donc gentleman farmer. Ce rôle vous va si bien. »

Un peu plus tard, François de Grossouvre fut nommé responsable des chasses présidentielles, tâche qu'il accomplit avec un indéniable talent. Le malheur c'est que tout cela ne lui suffisait pas. Il s'inventait donc des missions au nom du président de la République. Et ce dernier, quand il l'apprenait, rentrait alors dans des colères noires. La voiture était toujours le théâtre de ces discussions au cours desquelles François Mitterrand ne se privait pas de sermonner François de Grossouvre comme un petit garçon pris en faute. J'ai en mémoire quelques-unes de ces apostrophes cinglantes lancées sous forme de questions, mais qui avaient valeur de condamnation sans appel :

« Pourquoi tuez-vous tous ces éléphants ? »

Ou bien : « Vous serait-il possible d'éviter de parler en mon nom quand vous êtes en déplacement au Maroc ? »

Ou : « Vous n'êtes pas mon représentant, je vous interdis quoi que ce soit en Corée du Nord. »

Ou encore : « Que vous racontent donc vos amis des services spéciaux sur mon entourage et sur moi ? »

Et encore : « Je vous interdis d'aller chez Kadhafi ! »

Mais, là où les deux hommes s'accordaient totalement, c'est sur le terrain des conquêtes féminines. Dans l'entourage présidentiel, on appelait d'ailleurs François de Grossouvre « le rabatteur ». Ces tableaux de chasse-là intéressaient bien plus François Mitterrand et ses yeux pétillaient aux seuls récits de son conseiller. C'est dans ce rôle, plus que dans tout autre, que François de Grossouvre se montrait utile...

Quant aux relations de ce conseiller très spécial avec les autres conseillers et l'entourage du Président, elles étaient en général assez mauvaises. On lui reprochait notamment sa gestion individualiste des chasses présidentielles. Certes, il soumettait au président de la République une liste restreinte d'invités, mais il ne se gênait pas pour y ajouter ses invités personnels, ce qui avait le don d'irriter les autres membres du cabinet souvent exclus de ces prestigieuses réceptions. « Mais enfin, ce n'est pas votre chasse privée », dut ainsi lui préciser François Mitterrand. Il faut cependant reconnaître que François de Grossouvre jouait à merveille son rôle de faire-valoir présidentiel. Lors de son discours de bienvenue ou bien à l'issue de la chasse, il se lançait dans un panégyrique du Président tellement habile que les invités de droite eux-mêmes tombaient sous le charme et applaudissaient ses propos sans réserve !

À partir de 1992, François de Grossouvre entretint une relation très régulière avec Mademoiselle C., âgée de 28 ans, à qui il avait acheté un appartement rue Blanche, à Paris. C'était pour lui comme un bonheur de collégien. François Mitterrand s'en amusait, n'hésitant pas à taquiner son ami au sujet de cette passion amoureuse. Or, huit jours avant le 7 avril 1994, date de son suicide dans son bureau élyséen, François de Grossouvre avait appris que cette jeune personne ne voulait plus le voir. Sa douleur fut immense, sa paranoïa coutumière s'exacerba et il eut le sentiment d'être abandonné de tous. Il se rendit compte qu'en l'espace d'un an, après la prochaine élection présidentielle, il aurait tout perdu de sa vie actuelle, y compris les pouvoirs liés à ses fonctions élyséennes. La perspective de retrouver son épouse et les soucis quotidiens le hantait littéralement. Un gouffre s'ouvrait devant lui. Ce soir d'avril, il décida d'en finir. Mais pas n'importe où, à l'Élysée, à quelques pas du bureau de François Mitterrand, dans un acte ultime qui visait à déstabiliser aussi ce président de la République qui, croyait-il, ne l'aimait plus. Un geste de désespoir qui s'apparentait à du dépit amoureux.

C'est la raison pour laquelle le suicide de François de Grossouvre n'est pas discutable, contrairement à ce que certains ont essayé de faire croire. Prétendre le contraire, c'est tout simplement méconnaître l'état d'esprit de cet homme durant la semaine qui a précédé son geste fatal.

Mon épouse et moi étions ce soir-là à l'Élysée. Les maîtres d'hôtel avaient entendu un coup de feu au premier étage de l'appartement de permanence. Un vent de panique souffla sur tout le personnel. François Mitterrand se rendit dans le bureau de François de Grossouvre pour une dernière visite puis quitta en hâte l'Élysée, avec le visage sombre des mauvais jours. « Encore un ami qui part, me dit-il alors en substance. Plus nous avançons dans le temps, plus le vide se fait autour de moi. Bientôt, ce sera mon tour. » L'arrivée au quai Branly fut douloureuse, ce lieu étant plein de souvenirs liés au défunt qui occupait, je le rappelle, l'appartement situé au-dessus de celui d'Anne. François de Grossouvre fut enterré quatre jours plus tard, à Moulins. Le Président s'y rendit en hélicoptère. Durant le voyage, il fut constamment silencieux. Arrivé sur place, toutes ses attentions se concentrèrent sur la famille de son conseiller. Le voyage de retour se déroula également sans un mot. Le chagrin de François Mitterrand était particulièrement visible.

Le maire du Palais

André Rousselet occupait, lui, une position fort différente. Il fut l'organisateur des campagnes du candidat

Mitterrand, et notamment de celle de 1981. C'est donc tout naturellement qu'il devint alors son directeur de cabinet à l'Élysée. Outre ses indéniables qualités d'organisateur, formation préfectorale oblige, André Rousselet finança, chacun le sait, les campagnes électorales. Mais quand il devint en quelque sorte « maire du Palais », sa réputation auprès du personnel de l'Élysée ne fut pas des meilleures. Il se montra rapidement, qu'on me passe cette expression, « imbuvable ». Ce n'était plus l'homme que j'avais connu durant les campagnes. Tout d'un coup, il voulait tout savoir, tout régenter. Il a même tenté de m'évincer de mes fonctions pour mettre à ma place un homme à lui. Et ses manœuvres à mon encontre n'ont cessé que le jour où François Mitterrand lui a lancé : « Ça suffit, André. C'est Pierre et il restera à mes côtés tant qu'il en aura envie. »

Seule la parole présidentielle m'a sauvé, car André Rousselet était prêt à tout. J'ai fini par me demander si secrètement il ne me jalousait pas ! Ce patron d'une société de taxis parisiens aurait bien voulu être à ma place, dans l'intimité automobile quotidienne du chef de l'État...

C'est à partir du moment où il a découvert l'existence de Mazarine qu'il est devenu insupportable à proprement parler. Il s'est alors montré cassant, méprisant à l'égard du personnel, allant jusqu'à me dire un jour : « Pierre, je vous interdis de converser avec François Mitterrand. Vous l'influencez. » Sans rien lui répondre pour ne pas envenimer la situation, j'ai simplement pensé qu'André Rousselet avait au fond une bien piètre opinion de son ami. Quoi ? Moi, simple chauffeur, simple militant de base, je pouvais avoir une influence réelle sur le président de la République ? C'était à mourir de rire.

Vint ensuite le temps des petites brimades matérielles, aussi mesquines qu'inefficaces. André Rousselet décida ainsi de me supprimer l'usage d'une voiture de l'Élysée qui me permettait de regagner mon domicile une fois mon service terminé, tard dans la nuit. Là encore, il fallut l'intervention du Président. Je ne plaignais pas mon temps et pour moi ce véhicule n'était pas un luxe, juste un moyen d'assurer correctement mes fonctions, au mieux des besoins de François Mitterrand.

Au demeurant, les relations entre les deux hommes restaient excellentes. Je n'étais pas assez important pour être une cause de discorde définitive, preuve ultime du ridicule de l'attitude d'André Rousselet à mon égard.

Autre figure de l'entourage direct de François Mitterrand, Roger-Patrice Pelat. Il fut l'ami fidèle, présent à toutes les grandes étapes et fier du parcours de son ami. Il était par ailleurs le frère ennemi de François de Grossouvre. Les deux hommes ne se côtoyaient que dans les chasses présidentielles. Roger-Patrice Pelat se serait d'ailleurs bien vu au poste de François de Grossouvre. Ils appartenaient tous les deux au monde des affaires, ce milieu sans pitié où tous les coups sont permis. En fait, Roger-Patrice Pelat était l'homme des promenades diurnes dans les rues de Paris, tandis que François de Grossouvre était, à tous points de vue, l'homme de la nuit. Chacun jalousant l'autre. Quand arriva l'affaire de l'OPA sur Péchiney dans laquelle la justice impliqua Roger-Patrice Pelat, François Mitterrand, en ma présence, demanda à son ami : « As-tu quelque chose à voir avec tout cela ?

– Non, François, non, lui répondit Pelat. Je te demande de me croire. »

Quelques heures plus tard, hors de la présence de Pelat, le Président me dit : « On pourrait croire à une nouvelle affaire Dominici... »

Mitterrand, le gourmand

Quand j'ai connu François Mitterrand, ses goûts culinaires, mais peut-être aussi ses moyens de l'époque, le portaient plutôt vers la fréquentation des brasseries, comme *Dodin Bouffant* ou *Lipp*. Mais l'élection présidentielle lui a ouvert d'autres horizons : il a commencé à fréquenter plus assidûment des grands restaurants. De fait, la cuisine servie à l'Élysée par Marcel Le Servot, le chef de l'époque, celui de Giscard, lui est vite apparue comme beaucoup trop roborative pour un régime quotidien. À ce rythme-là, on aurait facilement pris dix kilos par jour ! Il a donc pris l'habitude d'espacer ces déjeuners au palais présidentiel au profit de restaurants parisiens dans lesquels il pouvait consommer une cuisine plus légère. Il avait d'ailleurs fait passer la consigne à ses collaborateurs, car, d'une manière plus générale et hors de toute considération gastronomique, il ne souhaitait pas que l'Élysée devienne une sorte de cantine pour ceux qui y travaillaient : « Allez donc déjeuner à l'extérieur », avait-il ainsi dit à ses conseillers. À ses yeux, il fallait réserver la cuisine présidentielle à des occasions plus exceptionnelles.

Très rapidement, l'habitude fut donc prise pour le Président de quitter l'Élysée pour aller manger à l'extérieur, en dehors, évidemment, des repas officiels. Un certain nombre de grandes adresses parisiennes devinrent ainsi les lieux où François Mitterrand avait coutume de déjeuner et de dîner. *La Gauloise*, *Le Pichet*, *Le Divellec* ou encore *Le Duc* figurèrent au nombre de ces tables qu'il affectionnait particulièrement. Le choix de ces restaurants était rarement dû au hasard. Je me souviens du jour où il me dit : « Pierre, il faut trouver un endroit où déjeuner dans le XIIe arrondissement, car Anne travaille dans ce quartier. » Aussitôt dit, aussitôt fait, et je le conduisis une première fois dans le superbe buffet classé de la gare de Lyon, *Le Train bleu*. Non sans avoir au préalable opéré les repérages qui s'imposaient. Il fallait impérativement retenir une table un peu à l'écart du reste de la salle puisque, outre Anne, pouvaient s'y trouver Mazarine et quelques autres invités privés. La discrétion était donc de mise. Inutile de dire que ce petit travail préalable excitait la curiosité du personnel du restaurant, avide de savoir quel serait le personnage forcément haut placé qui viendrait quelques heures plus tard. Je restais muet ou presque, ménageant l'effet de surprise et le suspense, mais assurant le directeur que, si tout se passait bien, ce déjeuner serait suivi de quelques autres... Dans un premier temps, la réaction de François Mitterrand fut pleine de circonspection.

« Mais, enfin, Pierre, on ne va tout de même pas aller manger au buffet de la gare ?

– Mais si, monsieur le Président, vous verrez, on sera très bien. »

La suite a prouvé que je ne m'étais pas trompé. Nous sommes retournés à plusieurs reprises déjeuner sous les lambris dorés de ce lieu exceptionnel qui de buffet de la gare n'a véritablement que le nom. Nous l'avons souvent fréquenté le mercredi midi, car, Mazarine oblige, ce jour de la semaine était souvent réservé à un déjeuner familial. Quant à moi, j'ai pu apprécier la qualité de ce restaurant. J'y prenais mon repas à une table voisine de celle du Président, afin qu'il puisse à tout instant faire appel à mes services.

Durant toutes ces années et quel que soit le restaurant fréquenté, il n'y eut aucun incident. L'avantage des grands établissements, c'était que la présence du président de la République pouvait presque y passer inaperçue. Ailleurs, je m'amusais de voir les autres clients suspendre tout à coup leur fourchette en le voyant passer auprès d'eux et s'asseoir un peu plus loin. Mais jamais cette proximité n'a provoqué d'incident. Les services de sécurité et moi-même étions simplement confrontés de temps en temps au désir d'un client de voir le Président ou de lui remettre un message. Il nous était alors très facile de dissuader l'importun en lui faisant comprendre qu'il s'agissait d'un déjeuner privé, que le Président ne souhaitait pas être dérangé et qu'il valait mieux respecter son « anonymat ». Autant de raisons fort bien admises au demeurant par ces personnes qui émettaient simplement le vœu de pouvoir transmettre un message écrit. Ce dont nous nous chargions bien volontiers, cela va sans dire.

François Mitterrand appréciait les conversations avec les grands chefs qui nous recevaient. Je me souviens ainsi de Bernard Loiseau lui expliquant la façon de cuisiner les cuisses de grenouille que François Mitterrand venait de déguster. Le Président écoutait avec beaucoup d'attention ces explications culinaires, sans pour autant les retenir vraiment. De fait, il était comme la plupart des hommes de sa génération, incapable ou presque de préparer un œuf sur le plat. Durant toutes ces années passées à ses côtés, je ne l'ai jamais vu s'affairer en cuisine. Ce gourmet-gourmand n'avait pas le goût des fourneaux ! Pour lui la cuisine était un peu comme le téléphone : il faut que ça fonctionne, mais de là à s'en servir... Et cette comparaison n'a rien d'exagéré, puisque même à la fin du deuxième septennat, le Président ne sut jamais utiliser un téléphone portable...

De plus, François Mitterrand était un véritable casanier en matière culinaire. Il n'aimait pas particulièrement découvrir de nouveaux restaurants. Dans ceux qu'il fréquentait sa place et sa table étaient invariablement les mêmes, toujours face à la salle. Cette dernière position lui permettant d'embrasser du regard l'ensemble de la clientèle et de fusiller d'un œil impitoyable les éventuelles velléités d'un importun aux intentions agressives à son égard. Ses plats préférés ne variaient guère. On le savait à juste titre friand d'ortolans, de poissons, d'huîtres et de viandes rouges. Les plats en sauce, en revanche, n'avaient pas ses faveurs. Quant au vin, il fut un grand amateur de bordeaux. Le voir manger faisait plaisir : quand il dégustait une huître, on avait l'impression qu'il avalait la terre entière ! Il appréciait particulièrement celles du restaurant *Le Pichet*, dans le quartier des Champs-Élysées, n'hésitant pas à y passer commande d'un plateau quand il voulait honorer ses hôtes à l'Élysée. Je me souviens ainsi d'une mémorable dégustation avec le chancelier Kohl. Les poissons préparés par Paul Minchelli faisaient également ses délices et il célébra plusieurs fois son anniversaire chez ce restaurateur hors pair.

Toujours à propos du *Pichet*, il me revient en mémoire une anecdote amusante. Depuis plusieurs mois, le Président ne s'y rendait plus. Un soir, j'y emmène mon épouse pour y déguster cette cuisine préparée avec amour par le même chef. À la fin du repas, Gaëlle et Jean-Paul, les patrons, me font part de leur perplexité : « Pourquoi le Président ne vient-il plus ? » Je reste évasif, prétextant le manque de temps, les obligations officielles, le surplus de travail. J'ignorais moi-même la cause de cette désaffection insolite. Le lendemain matin, je décide de m'en ouvrir au Président. Sa réponse fuse, immédiate :

« C'est un endroit qui est devenu trop cher pour moi, Pierre.

– J'ai payé 350 francs par personne, monsieur, et, vu la qualité de la cuisine, j'estime que ce n'est pas excessif.

– À ma dernière visite, ce n'était pas les mêmes tarifs », me répond-il, acerbe.

Je fis part de notre conversation à Gaëlle et Jean-Paul sans autre forme de procès.

Or, plusieurs semaines après notre conversation, François Mitterrand retrouva le chemin de ce restaurant et reprit ses habitudes, cette fois sans interruption. Et, un soir, de retour vers l'Alma, il me dit : « C'est tout de même bizarre, Pierre, quoi que je prenne au *Pichet*, je paye invariablement 350 francs... » Manifestement la clientèle présidentielle a un prix !

Pour ma part, sur les conseils de Robert Badinter, lequel était un fidèle de cette cuisinière aux idées soixante-huitardes, je fis découvrir à François Mitterrand *L'Assiette*, tenue par la sympathique Lulu, dans le XIVe arrondissement. Et c'est chez elle qu'est organisé, tous les 8 janvier, un dîner auquel j'assiste et qui rassemble les amis fidèles du Président.

La Cagouille, près de Montparnasse, fut également un lieu apprécié. Un mercredi midi, François Mitterrand y avait invité, comme souvent, Anne, Mazarine et Michel Charasse. À la fin du repas, il fait l'acquisition d'un tableau exposé ce jour-là. L'addition payée, nous rentrons à l'Élysée. Je ne tarde pas à recevoir un coup de téléphone du patron. Celui-ci venait en effet de s'apercevoir qu'il avait par inadvertance vendu le tableau plus cher que son véritable prix. Je l'en remercie et passe récupérer la différence que le soir même dans la voiture je remets au Président. « Je suis sûr que vous lui avez téléphoné pour lui faire remarquer son erreur », me dit-il alors. Je n'ai jamais pu le convaincre qu'il se trompait, et de ce jour il cessa de fréquenter cet établissement. À mon grand déplaisir, car l'on y mangeait fort bien !

Quant au restaurant *Chez René*, situé au bout du boulevard Saint-Germain, près de la Seine, il aimait y venir en compagnie d'Anne et de Mazarine pour y déguster de superbes spécialités typiquement lyonnaises. Le proche voisinage de la rue de Bièvre mettait en permanence sur le qui-vive le service de sécurité dont je partageais entièrement les inquiétudes.

Heureusement, d'une façon générale, ces repas se déroulaient dans une ambiance bon enfant. C'est ainsi que, quand François Mitterrand venait au *Beato*, rue Malar, dans le VIIe arrondissement, il se retrouvait en sortant face à l'une de mes adresses préférées, *L'Ami Jean* où se prépare une merveilleuse cuisine basque. Les clients de *L'Ami Jean* quittaient alors leurs tables pour aller serrer au-dehors la main du Président, provoquant ainsi une joyeuse pagaille dans la rue.

Il ne faudrait pas croire pour autant que ses goûts culinaires étaient exclusivement hexagonaux. Il aimait manger italien chez *Conti*, chinois chez *Yong*, japonais chez *Niki* ou marocain à *L'Atlas*. Ce dernier se trouvait aux alentours de la rue de Bièvre, et l'Élysée lui commanda à plusieurs reprises des repas pour des réceptions officielles.

Chacune des deux familles de François Mitterrand avait par ailleurs son restaurant : avec Mazarine et Anne, on allait chez *Le Divellec*, avec Danielle et les proches, on allait chez *Le Duc* et à *La Marée*.

François Mitterrand avait des attentes culinaires bien précises : un jour, invité par des journalistes à déjeuner dans un restaurant de l'avenue Victor-Hugo, il en était ressorti en me disant : « C'est bien cher pour ce que c'est. Enfin, ce n'est pas moi qui ai payé... » Assurément, il prenait autant de plaisir à manger un couscous dans le petit restaurant où il avait ses habitudes rue de Bièvre. En un mot, il n'était pas blasé. Et ce d'autant moins qu'il n'a jamais accepté d'être invité par un restaurateur : soit il était invité par ses hôtes, soit il acquittait lui-même l'addition.

Faut-il dire que pour ma part ce fut l'occasion de découvrir les plus grandes tables de France ? Meneau, Loiseau, Troisgros, Bocuse, Blanc : il m'a été donné de visiter ces hauts lieux de la gastronomie de notre pays, toujours avec le même plaisir et le même émerveillement devant les prouesses de ces chefs dont j'ai bien souvent gardé les menus en souvenir. Notre grand plaisir était d'ailleurs, une fois sortis du restaurant, de comparer les mérites et les saveurs de nos plats respectifs, puisque, évidemment, nous n'avions pas mangé à la même table. Et nous étions d'accord pour louer les qualités d'invention de Bernard Loiseau, la fraîcheur des poissons de *Le Divellec* et la saveur des huîtres servies au *Pichet.* C'était en quelque sorte notre triangle d'or, car nos appréciations convergeaient.

François Mitterrand aimait également le restaurant du *Ritz*. Il y organisait des déjeuners avec des artistes comme Jane Birkin ou Patrick Bruel, en présence de Mazarine heureuse de côtoyer ces stars.

Certains de ses déjeuners pouvaient donner lieu à des scènes cocasses. Je me souviens particulièrement d'un jour de 1992 où le Président déjeunait en compagnie d'Anne et de Mazarine au restaurant de *L'Intercontinental.* Au cours du repas, depuis la table que j'occupais, je vois entrer son frère, le général Jacques Mitterrand. Ce dernier se dirige alors très naturellement vers François Mitterrand pour le saluer. J'avais à peine eu le temps de le prévenir de cette arrivée quelque peu gênante malgré tout. Or, désignant ses deux voisines, le Président dit un peu embarrassé à son frère : « Voilà, ce sont mes filles. »

Une autre fois, François Mitterrand dîne en compagnie d'Anne et de Mazarine au *Dôme*, à Montparnasse, l'un de ses lieux favoris. Or, très rapidement, le maître d'hôtel vient nous faire savoir que Raymond Barre tient au même moment une réunion politique dans l'un des salons de l'établissement. Malgré tout, la décision est prise de rester. Quand la réunion se termine, les garçons de salle et moi-même faisons écran devant la table de François Mitterrand pour dissuader les regards indiscrets des partisans de Raymond Barre !

Une autre de ces rencontres surprenantes eut beaucoup plus de retentissement. François Mitterrand et Mazarine s'apprêtaient à sortir de chez *Le Divellec* quand, de l'autre côté du trottoir, j'avise Ivan Levaï. Le temps de prévenir François Mitterrand, le journaliste nous avait déjà aperçus. Et c'est à ce moment précis que des photographes en planque non loin de là ont réalisé les fameuses photos qui parurent ensuite dans *Paris-Match*, permettant à la France entière de découvrir l'existence de Mazarine. D'une certaine manière on peut dire qu'Ivan Levaï a servi ce jour-là aux paparazzi de leurre involontaire : nous avions l'œil fixé sur lui alors que nos regards auraient dû se porter ailleurs, vers ces preneurs d'images à la sauvette. Il faut bien avouer que cet incident devait survenir un jour ou l'autre : sécurité oblige, les déplacements de François Mitterrand n'avaient rien de discret et sa fréquentation régulière des mêmes restaurants permettait aux limiers de la presse de le suivre de près.

Mais, je m'en voudrais de terminer ces excursions culinaires sans parler d'un élève de Marcel Le Servot, de l'Élysée, en la personne de Joël Normand. Ce dernier est devenu un grand chef qui fit des prouesses tout au long des deux septennats pour nourrir et surtout régaler le palais de l'Élysée et les grands de ce monde, depuis ses cuisines en sous-sol.

Ses drôles de bêtes

Quand j'ai fait sa connaissance en 1977, François Mitterrand possédait un vieux chien d'Artois. Je l'ai donc toujours connu entouré de chiens et de quelques autres animaux. Il nourrissait à leur égard une affection non feinte, un plaisir d'enfant, qui faisaient toujours plaisir à voir. Il y avait également le labrador Nil, au caractère plus que fantaisiste. Ce chien refusait en général de quitter la voiture en même temps que nous. Nous avons donc mis en place une stratégie : le Président et moi faisions mine de sortir de la voiture chacun dans une direction opposée. C'est à cette seule condition que le labrador acceptait finalement de descendre, si nous refermions immédiatement les portes pour éviter que, découvrant le stratagème, il ne se réfugie à nouveau dans la voiture.

L'un des grands plaisirs de François Mitterrand était de se promener au bord de l'étang qu'il possédait dans la Nièvre. Mais il était parfois obligé de faire cette promenade avec des gens dont il n'appréciait que très modérément la compagnie. Il prenait alors un malin plaisir, une fois la promenade terminée, à lancer un bâton dans l'eau. Immédiatement, et comme son maître le prévoyait, le labrador se jetait dans l'étang pour aller chercher le bout de bois. Nil revenait totalement trempé de cette baignade improvisée. Et François Mitterrand mettait alors un point d'honneur à faire se côtoyer à l'arrière de la voiture ce chien qui s'ébrouait avec volupté et des invités largement arrosés mais qui n'osaient se plaindre sous peine de se montrer désobligeants à l'égard du propriétaire... J'avoue que pour ma part ce petit jeu m'a toujours mis en joie. Avant 1981, François Mitterrand prenait beaucoup de plaisir lors de son séjour hebdomadaire dans la Nièvre à me faire arrêter la voiture pour faire une assez longue promenade en forêt avec Nil à ses côtés.

Marron et Noisette

Quand il allait à Latche, François Mitterrand se livrait invariablement à un autre rituel animalier. À peine arrivé, il allait chercher dans la grange un seau qu'il remplissait d'avoine et de maïs. Il appelait ensuite ses deux ânes, Marron et Noisette, pour leur donner à manger. Et les ânes répondaient à cet appel, leurs grandes oreilles dressées, venant sans réticence aucune à notre rencontre. Le reste du temps, le gardien de Latche, un cultivateur, veillait sur ces deux animaux, figures emblématiques du lieu et qui, après leur mort, ne furent pas remplacés.

Quand nous sommes arrivés à l'Élysée, l'une des premières décisions de François Mitterrand fut de supprimer les barrières électriques de protection mises en place par son prédécesseur autour des massifs de fleurs. À cela une raison toute simple : il fallait que Nil puisse s'ébattre librement dans le parc présidentiel. Cette décision mit au désespoir les jardiniers de la Ville de Paris, car à chaque fois qu'ils plantaient de nouveaux parterres, le labrador prenait un malin plaisir à les saccager, anéantissant ainsi le travail de ces malheureux ouvriers.

Par ailleurs, ce chien aussi fou que gentil n'hésitait pas à courser dans les allées les gardiens et les personnels chargés de la sécurité. Je crois même me souvenir qu'un jour il a mordu l'un d'entre eux. Et puis la cohabitation entre lui et Margot, la petite Teckel de Marie-Claire Papegay, la secrétaire particulière du Président, n'était pas des plus faciles. Il était pratiquement impossible de les laisser ensemble dans la même pièce sous peine de voir rapidement la situation dégénérer !

Quant à moi, j'étais très régulièrement chargé par François Mitterrand de promener Nil dans les jardins ou ailleurs. C'est ainsi que je me suis retrouvé avec lui au mémorable sommet des chefs d'État qui eut lieu à Versailles. Les contraintes de sécurité étaient telles que je me suis amusé à faire prendre le chien en photo pour lui confectionner un badge propre à désarmer les éventuelles remarques des services de sécurité américains particulièrement soupçonneux, comme on l'imagine.

L'esprit courtisan

Il faut avouer que François Mitterrand se rendit rapidement compte que le palais élyséen convenait mal à ses hôtes canins. C'est pourquoi l'habitude fut prise de confier le ou les chiens aux gardiens du château de Souzy, qui fait partie des demeures attribuées aux présidents de la République. Là, ils pouvaient aboyer, s'ébattre et courir sans risque de troubler quelque réunion ou réception officielle, ce qui n'était évidemment pas le cas à l'Élysée. Mais, dès qu'il le pouvait, c'est-à-dire dès qu'il partait à Latche notamment, François Mitterrand faisait revenir ses chiens auprès de lui. Lors de la seconde cohabitation, les obligations officielles diminuant, le rythme de travail étant moins effréné, François Mitterrand fit revenir plus souvent ses chiens à l'Élysée.

Il fallait également compter avec le bouvier bernois que le Président avait offert à sa femme pour son anniversaire. C'est moi qui avais été chargé d'aller chercher ce magnifique chien dans un élevage suisse. Quelque temps après, je découvris avec stupéfaction que le Dr Gubler avait lui aussi acheté un chien de cette même race dans le même élevage ! Il pouvait ainsi se vanter de posséder un chien identique à celui de l'épouse du Président. Ce mimétisme prête évidemment à sourire. Il ressemble plus au comportement d'un courtisan qu'à celui d'un médecin.

Mais le Dr Gubler n'était pas le seul dans l'entourage présidentiel à être atteint de cette étrange manie. On a vu en effet tel ancien ministre ou tel conseiller acheter une maison quelque part juste parce que François Mitterrand y avait des habitudes. Ces comportements l'irritaient quelque peu. Il trouvait que ceux qui se livraient à ce genre de contorsions manquaient singulièrement de personnalité pour afficher autant de suivisme à son égard dans des domaines qui ne relevaient que de la vie privée. Chez ces gens-là, en effet, on n'était pas loin du culte de la personnalité, pratique totalement étrangère à François Mitterrand.

Un amour de chat

Nil mourut en 1987, au cours du premier septennat. C'est un labrador femelle, Julie, qui le remplaça. Enfin, le dernier chien de François Mitterrand fut Baltique, qui vit encore à Souzy où elle passe d'ailleurs la plupart de son temps. À la mort de François Mitterrand, chacun dans son entourage voulut s'en occuper, mais cet engouement ne dura qu'un temps, et Baltique est donc retournée couler des jours heureux auprès du gardien de Souzy.

Dans l'absolu, François Mitterrand n'avait guère d'attirance pour les chats. Mais Mazarine, elle, les aimait. Elle en avait un d'ailleurs et nous l'emmenions toujours dans nos déplacements. Donc, puisque Mazarine aimait les chats, François Mitterrand s'était mis à les aimer aussi. Ainsi s'exprimait, comme dans beaucoup d'autres domaines, son immense amour paternel. Ce qui importait en l'occurrence, c'était le bonheur de sa fille avant toute autre considération personnelle. À Latche, en revanche, la présence d'un chat aurait posé quelques problèmes, puisque tous les chiens de la famille Mitterrand, celui du Président, mais également ceux de Danielle et de leurs fils, s'y côtoyaient dans une joyeuse pagaille. Leurs propriétaires respectifs n'ayant pas forcément le temps de s'en occuper, ces chiens étaient la plupart du temps en liberté totale, libres d'aller et de venir là où bon leur semblait.

Je dois avouer que l'amour des chiens fait partie des points communs qui me rapprochaient de François Mitterrand. J'ai moi-même toujours été un heureux propriétaire de ces animaux fidèles et attachants.

C'est à François Mitterrand que l'Élysée doit le privilège de posséder quelques canards dans son bassin. Le Président avait en effet remarqué les vols de ces palmipèdes au-dessus de la Seine et aux abords du Palais. Il demanda aux jardiniers d'essayer d'en « fixer » quelques-uns en leur donnant à manger. Ce qui se produisit très rapidement. Non seulement des canards apprécièrent ce nouveau restaurant plutôt chic, mais des couples vinrent y nicher. Les couvées furent même impressionnantes et François Mitterrand s'en amusait beaucoup. Chaque matin, à son arrivée à l'Élysée, le Président faisait le tour du parc. Il prenait alors plaisir à surprendre quelques canards, s'inquiétant de leur absence le cas échéant. Quand, dans la voiture, il avisait un vol de canards, il s'écriait : « Tiens, les enfants rentrent à la maison. »

9

Les forces de l'esprit...

« Je vous ai amené à l'Élysée il y a quatorze ans, et je vous ramène chez vous quatorze ans après. » Avec cette seule phrase, j'ai fait savoir à François Mitterrand que je souhaitais rester à son service. À vrai dire, la question de savoir si nous allions continuer à travailler ensemble ne s'est jamais posée. J'étais son chauffeur et je le resterais. Il y avait entre nous comme un accord tacite. Nous savions tous les deux, je crois, que seule la mort pourrait faire cesser cette relation.

Un petit signe de la main

Au cours de cette période, Anne continue de travailler au musée d'Orsay. Elle mène une vie autonome. Elle est la simplicité même, préférant l'ombre et le calme à la fureur médiatique. On imagine difficilement qu'elle appartient en fait à la haute bourgeoisie clermontoise : rien dans son comportement quotidien ne laisse transparaître ses origines. C'est une dame extraordinaire qui aime la nature, le plein air. Elle n'a jamais cessé durant toutes ces années de se déplacer à vélo dans Paris. Quand François Mitterrand habitait quai Branly, nous devions pour nous rendre le matin à l'Élysée emprunter un véritable labyrinthe pour ne pas éveiller la curiosité de quelque journaliste aux aguets.

À ce moment-là, François Mitterrand me disait : « Bon, alors, vous croyez que l'on va voir Anne ?

– On va faire en sorte », lui disais-je.

Au bout de trois ou quatre feux rouges grillés à vive allure, on voyait effectivement Anne sur son vélo. « Attention de ne pas l'écraser ! » me lançait alors mon passager. Ils échangeaient alors un léger signe de reconnaissance, d'une discrétion totale, presque invisible, certainement aussi heureux l'un que l'autre de cette complicité furtive volée à la rumeur et au qu'en-dira-t-on.

J'ai très rarement conduit Anne. Il m'est seulement arrivé de l'accompagner à la gare, car, en dehors des déplacements avec François Mitterrand, elle ne prenait jamais l'avion. Il ne lui serait pas venu à l'idée de voyager seule avec un appareil du GLAM. En cela aussi elle était avant tout une citoyenne ordinaire. Autant dire qu'elle acceptait mal les critiques que certains lui adressaient comme si elle vivait aux crochets de la République.

Un médecin omniprésent

Le soir de la passation de pouvoir, François Mitterrand rejoint donc son nouvel appartement, avenue Frédéric-le-Play. Il y dîne en compagnie d'Anne, de

Mazarine et du Dr Tarot. Cet appartement était totalement coupé en deux par une porte sas séparant les bureaux des lieux d'habitation proprement dits. C'est dire si nous allions rarement dans les appartements de François Mitterrand. Nous lui laissions sa liberté et sa tranquillité, au même titre d'ailleurs que nous ne pénétrions que très rarement dans les appartements de l'Élysée.

Souvent Anne et Mazarine, pour d'évidentes raisons de discrétion, arrivaient à l'appartement par l'escalier de service, lequel ne donnait pas sur l'avenue Frédéric-le-Play. Elles étaient pourtant chez elles, mais la prudence l'emportait sur toute autre considération.

Dans les dernières semaines qui ont précédé la mort de François Mitterrand, cet appartement accueillit souvent un autre occupant en la personne du Dr Tarot. Ce dernier n'hésitait jamais, en fonction de l'état de santé de son patient, à coucher sur place, profitant du dîner pour aller chercher ses affaires. Cet homme s'est montré d'un dévouement sans faille. Rétrospectivement, on peut dire que s'il n'avait pas été présent durant la dernière année du septennat, François Mitterrand ne serait peut-être pas allé jusqu'au bout de son mandat. Il avait fait la connaissance de ce grand praticien grâce à Jean Riboud, qui avait été son patient. Cet éminent spécialiste de la souffrance aida également le patron de *Libération*, Serge July, après son très grave accident de voiture. À la suite d'un dîner chez des amis communs, François Mitterrand demanda à Jean-Pierre Tarot de rejoindre son équipe médicale. Il fallut batailler pour imposer l'arrivée de ce nouveau médecin. Dans les voyages officiels, il fallait se battre pour que

Jean-Pierre Tarot soit effectivement présent aux côtés du Président. C'est à lui et à personne d'autre que François Mitterrand dut sa rémission. Il souffrait avec moins d'intensité et tolérait beaucoup mieux les médicaments prescrits.

Je revois de temps en temps et toujours avec beaucoup de plaisir cet homme attachant. Alors qu'il a vécu la mort de François Mitterrand comme un drame personnel, on s'est mal comporté ensuite avec lui. La sécurité officielle l'a ainsi écarté sans ménagement du jour au lendemain : « François Mitterrand n'est plus là, vous n'avez plus rien à faire ici », lui ont lancé les gendarmes du GSPR. Ces derniers, par jalousie, lui ont de toute évidence fait payer sa proximité.

Heureusement, l'entourage immédiat de François Mitterrand n'a pas manifesté la même ingratitude, et je sais que Danielle, Mazarine et Anne, notamment, continuent de le voir. C'est au fond bien normal puisque, sans lui, la fin de François Mitterrand aurait été plus dramatique.

La promenade quotidienne

Avenue Frédéric-le-Play, ma vie quotidienne ne change guère. Chaque soir, François Mitterrand vient nous voir dans les bureaux que j'occupe avec les deux autres personnes (un gendarme et un policier) chargées de sa sécurité, et me donne rendez-vous le lendemain à 9 heures. Je suis chargé de lui acheter la presse du matin qu'il lit durant son petit déjeuner. Ensuite commence la journée à proprement parler. Dans la mesure du possible, François Mitterrand marche chaque jour une heure dans les allées du Champ-de-Mars. Durant cette promenade, nous avons des conversations amicales. Il me pose des questions sur ma famille, mes enfants, s'inquiétant également de la monotonie de cette nouvelle vie après le rythme élyséen. Dans ce paysage automnal, où les platanes et les marronniers commencent à perdre leurs feuilles, un sentiment de tristesse me submerge parfois. L'effort que François Mitterrand accomplit en faisant ces quelques pas quotidiens est visible. La maladie est à l'œuvre, la fin inéluctable. Je discerne nettement la fatigue, l'épuisement parfois et même la lassitude, en dépit des efforts qu'il fait pour ne rien laisser paraître de son état.

C'est au cours de l'une de ces promenades que le cinéaste Régis Wargnier a choisi de filmer François Mitterrand durant une minute, à l'occasion du centenaire du cinématographe. La caméra le filme en plan fixe, marchant vers elle, en noir et blanc, comme à l'époque des frères Lumière. Il s'est prêté au jeu avec beaucoup d'intérêt et de plaisir, acceptant même de faire une seconde prise parce que le technicien avait tourné trop vite la manivelle de l'antique caméra ! À croire qu'il avait fait ça toute sa vie. Son naturel est impressionnant. Quant à moi, je cours après les passants qui, ayant reconnu François Mitterrand, tentent de rentrer dans le champ pour obtenir un autographe. « Vous croyez vraiment que ça sera regardé ? » a-t-il dit au cinéaste sur le ton de l'ironie, une fois le film tourné. Ce petit bout de film est pour moi très émouvant. On sent que la fin est proche, la mort est au travail et la caméra fixe des instants qui, même dans leur banalité, vont disparaître à tout jamais. Ce sentiment est d'autant mieux rendu par l'utilisation du noir et blanc, comme si le temps s'était figé.

Après cette promenade rituelle, à laquelle assiste souvent le Dr Tarot, François Mitterrand se met à sa table de travail pour écrire. À midi, nous le conduisons au restaurant, soit dans le quartier, soit dans Paris pour rejoindre Anne. Mon grand regret est de ne pas lui avoir fait connaître durant cette période un restaurant pourtant situé à deux pas de son appartement, *Le Père Claude*. Le patron, Nivernais de Corbigny, aurait aimé recevoir ce « pays ». François Mitterrand y aurait en outre côtoyé le milieu du football parisien, puisque le Paris-Saint-Germain y avait table ouverte, ainsi d'ailleurs que l'état-major du... RPR ! Je regrette vraiment que ces rencontres insolites n'aient pas eu lieu, et ce d'autant plus qu'il aurait aimé la roborative cuisine régionale de l'établissement. Quoi qu'il en soit, vers 15 heures, nous revenons avenue Frédéric-le-Play et François Mitterrand rejoint ses appartements pour se reposer et travailler ensuite. Du fait de cette vie presque monacale, je le vois peu au cours du reste de la journée. Ensuite, il rend visite à des amis ou des proches. Il rentre chez lui vers vingt heures pour ne plus ressortir : le temps de la vie nocturne est terminé, maladie oblige.

Ma deuxième enveloppe

Quelques semaines seulement avant son décès, François Mitterrand me fait venir dans son bureau de l'avenue Frédéric-le-Play. La conversation s'engage, informelle. Il me demande, comme il le fit si souvent, des nouvelles de mon épouse, de mes enfants. Puis il s'intéresse à cette maison que j'ai achetée et que je rénove près de Tours. Nous avons tous les deux le regret qu'il n'ait jamais pu, faute de temps, m'y rendre visite. Je lui explique les travaux en cours, les projets à venir. Il m'écoute avec beaucoup d'intérêt. La conversation se poursuit, puis je laisse François Mitterrand à ses occupations. Le lendemain, il me fait de nouveau appeler. Très vite, il me tend une enveloppe : « Tenez, Pierre, c'est pour vous. Après ma mort, qui se souciera de vous ? » Je le remercie. Interloqué, je prends l'enveloppe. Et je le quitte sans l'avoir ouverte. Je m'isole dans la pièce et je découvre la somme. Toute la personnalité de François Mitterrand se résume dans ce geste : indifférence à l'argent, attention extrême à ceux qui l'entourent. Nous n'en avons jamais reparlé ensemble. Il avait pensé à moi, c'est tout. Il avait pris soin d'un ami.

Les visiteurs fidèles

Pour autant, il est arrivé que François Mitterrand quitte durant quelques jours son logement parisien, pour se rendre notamment chez André Rousselet, à

Sainte-Maxime, ou bien encore à Gordes, ou à Latche. Durant ces déplacements, soit j'étais avec lui dans l'avion, soit je descendais en voiture pour l'attendre à l'arrivée.

Les journées avenue Frédéric-le-Play sont également rythmées par les visites. Ses biographes notamment, Pierre Favier et Michel Martin-Rolland de l'AFP, ainsi que Jean Lacouture, viennent très régulièrement s'entretenir avec lui. Quant à Georges-Marc Benamou, ses visites sont beaucoup moins nombreuses : les deux hommes se virent là quatre ou cinq fois seulement. Ils se rencontrèrent plus souvent au cours de dîners auxquels assistait Pierre Bergé. C'est d'ailleurs à cause de ce dernier et par amitié pour lui que François Mitterrand avait accepté de répondre aux questions de Benamou. Même si Pierre Bergé l'avait beaucoup déçu en prenant fait et cause pour Jacques Chirac contre Lionel Jospin lors de l'élection présidentielle : « Ça ne se fait pas », m'avait-il dit alors. Déception qu'il avait également ressentie quand son neveu avait agi de même. Le choix de Frédéric Mitterrand en faveur du candidat de la droite fut celui, on l'a déjà vu, d'un lobby anti-Jospin qui gravitait dans l'entourage proche de François Mitterrand et dont lui-même ne partageait ni la sévérité ni surtout la capacité à changer de camp en abandonnant ainsi le candidat naturel de la gauche.

À l'égard de ses biographes, des hommes qui s'intéressaient à lui et qu'il appréciait incontestablement, puisqu'il leur ouvrait ses portes, il cultivait cependant une ironie mordante : « Ils peuvent bien, me disait-il, écrire sur moi, personne ne les lira, personne ne s'intéressera à moi dans six mois, vous verrez. » C'est, soit dit en passant, ce qu'il doit penser de moi si, de l'endroit où il se trouve désormais, il me voit modestement écrire à mon tour !

Il recevait également quelques hommes politiques. Je me souviens de Michel Barnier : jusqu'au bout, François Mitterrand a manifesté son intérêt pour la construction européenne. Et il n'est pas douteux que le ministre des Affaires européennes d'Édouard Balladur était porteur de messages émanant du chancelier Kohl à destination de son vieux complice. Quand Michel Barnier sortait du bureau de l'ancien président, il lui est arrivé de me dire : « Il est peut-être diminué physiquement, mais sur le plan intellectuel, il peut encore nous en apprendre ! »

Raymond Barre fit également partie de ces visiteurs. Avec ces hommes du camp opposé, François Mitterrand entretenait une sorte de complicité naturelle, fondée sur une estime réciproque. Tous faisaient partie de ces dirigeants de droite qui, sans ménager leurs critiques à l'égard du Président, ne pouvaient s'empêcher de lui témoigner une forme d'admiration et de respect, voire de fascination.

Les leaders du PS ne sont pas en reste, cela va sans dire. Tout du moins les fidèles du mitterrandisme comme Henri Emmanuelli. Mais je garde surtout en mémoire la visite de Lionel Jospin. Ce dernier sortit visiblement très ému de cet entretien qui dura plus d'une heure et qui devait être le dernier entre les deux hommes.

On ne vit Jack Lang avenue Frédéric-le-Play qu'à une ou deux occasions, pour la simple raison que l'ancien ministre de la Culture faisait partie de l'autre cercle de famille. Il connaissait peu Anne et Mazarine. De ce fait, ses rapports avec François Mitterrand avaient évolué vers moins d'intimité, dirons-nous. Jack Lang a d'ailleurs très bien compris, comme beaucoup d'autres, qu'il ne devait pas essayer de forcer cette intimité-là, attitude qui aurait fortement déplu à Mitterrand, toujours jaloux de sa liberté.

Il faut avouer que, la maladie aidant, son caractère s'était un peu aigri. Et quoi de plus normal, si l'on considère la somme de souffrances qui l'accablait chaque jour ? C'est la raison pour laquelle il goûtait moins qu'auparavant la fréquentation de ces hommes qui l'avaient entouré durant toutes ces années. Et puis assister à un dîner avec d'autres convives devenait pour lui une sorte d'épreuve physique exigeant de plus en plus d'efforts. Dans les derniers temps, il était donc rarement demandeur de ce genre de contacts avec l'extérieur. Cette attitude ne concernait pas seulement Jack Lang, évidemment, mais s'étendait à bien d'autres personnes. Concernant ce dernier, on peut simplement dire que François Mitterrand était fatigué de son amour...

Les deux familles

Danielle Mitterrand vint très peu avenue Frédéric-le-Play. Ses rares visites étaient de toute façon prévues d'avance et se faisaient, cela va sans dire, en l'absence d'Anne. Il en allait de même pour leurs deux fils. C'est en fait le dimanche soir, mais rue de Bièvre, que cette famille-là se réunissait. Deux familles, deux vies cloisonnées, sinon indifférentes du moins étrangères l'une à l'autre. François Mitterrand, jusqu'à ses derniers jours, mit un point d'honneur à gérer cette dualité privée. Mais il est bien évident que l'essentiel de sa vie privée se déroulait aux côtés de Mazarine et d'Anne. Ce qui n'empêchait en rien l'affection entre ses deux fils et lui. Il estimait que Gilbert avait bien réussi sa vie professionnelle, seul, sans son aide. « Il s'en sortait bien », selon son expression. Le caractère plus aventurier de Jean-Christophe ne faisait aucun doute pour lui, mais il ne s'inquiétait pas pour l'avenir de ce fils turbulent. « De toute façon, ils auront mon héritage ! » disaient-ils en plaisantant quand nous parlions d'eux.

Sa préférence

Quand j'ai connu François Mitterrand, Mazarine avait trois ans. Je l'emmenais parfois à l'école maternelle. J'avais donc pour mission de conduire cette petite fille aux allures involontaires de secret d'État. Mais je ne l'ai jamais regardée avec d'autres yeux que ceux de la tendresse. François Mitterrand était fou amoureux de sa fille. Cet amour démesuré est venu progressivement, car, d'une manière générale, il ne s'intéressait guère aux bébés en qui il voyait de simples « imitateurs » des adultes. « Quand vous souriez, ils vous sourient, me disait-il. Quand vous leur faites une grimace, ils font de même ! »

En revanche, le développement d'un enfant le passionnait. Dès lors que Mazarine a quitté le monde des bébés pour celui de l'enfance, il est devenu un père ébloui et fasciné. Quand elle a commencé à réagir, à comprendre, à lui prendre la main, à lui manifester de la tendresse, François Mitterrand s'est réellement intéressé à elle.

Je l'ai vu de très nombreuses fois quitter le domicile d'Anne à Saint-Germain-des-Prés la mort dans l'âme, le cœur brisé de devoir laisser cette petite fille. Sans compter les précautions permanentes qu'il fallait prendre pour ne pas être vu en compagnie de sa propre fille « Attention, disait-il régulièrement à Anne et à Mazarine, soyons discrets. » Ce père ne pouvait pas dire simplement au revoir à sa fille dans la rue. Tout devait être caché.

Je peux témoigner qu'il souffrait beaucoup de cette situation impossible que les circonstances rendaient nécessaires. Mais une fois la porte de la voiture refermée, la joie des retrouvailles éclatait entre le père et sa fille. À l'abri des regards, protégés par les vitres et la vitesse, ils pouvaient l'un et l'autre laisser libre cours à leur affection réciproque. J'ai vécu ces scènes en partageant un peu de leur émotion et de leur bonheur tout simple.

Les faiblesses de l'entourage

« Monsieur, vous allez consulter n'importe qui. Ce n'est pas raisonnable. » Il m'a fallu prendre mon courage à deux mains pour apostropher ainsi François Mitterrand. Mais j'étais ulcéré par la noria de pseudo-médecins et de vrais charlatans qui gravitaient autour de lui et lui promettaient tous un traitement et une guérison miracle. Comme j'étais irrité par leur attitude. Très souvent, le matin, je leur disais après avoir vu leur patient : « Il souffre beaucoup aujourd'hui. Faites quelque chose, enfin. » Je me souviens de cette réponse : « Laissez, c'est dans sa tête... »

Ils étaient nombreux à venir jusqu'au domicile de François Mitterrand pour lui apporter leurs traitements prétendument infaillibles. Croyait-il vraiment à l'efficacité de ces médecines ? Je l'ignore. Je crois que l'extrême gravité de son état le poussait à envisager toutes les solutions possibles, même les moins rationnelles. C'était sans doute l'expression d'un grand désarroi, d'une angoisse insurmontable face à la maladie et aux souffrances qu'elle générait.

Dans les derniers mois, à l'Élysée, il était évident qu'il souffrait énormément. Et ce d'autant plus que les contraintes officielles étaient toujours aussi nombreuses. De la place où j'étais, j'ai souvent essayé de convaincre le secrétariat général de l'Élysée et son chef de cabinet qu'il fallait impérativement diminuer la charge de travail du Président. J'estime qu'à cette époque son entourage direct et professionnel ne l'a pas assez protégé contre les sollicitations extérieures toujours aussi nombreuses. Ses collaborateurs ne jouaient pas assez le rôle de filtre qui aurait dû alors être le leur. Le Président était trop souvent placé devant des choix, alors que les décisions auraient dû être prises auparavant : son entourage continuait de lui proposer des obligations officielles subalternes. Il était malheureux de devoir refuser telle cérémonie ou tel déplacement, mais on aurait dû par avance lui éviter d'avoir à prendre une décision.

C'était un homme physiquement diminué par la maladie et les souffrances, et on lui imposait malgré tout une vie sociale épuisante. À cette époque, j'ai vu François Mitterrand avoir plusieurs malaises dans la voiture, vomissant à même le sol. Il nous fallait en permanence avoir avec nous de quoi prévenir ou réparer ce genre d'accidents. Mais que nous importait de devoir nettoyer une voiture ? Nous étions malheureux, démunis. De toute évidence, son état de santé se dégradait au fil des jours et son intégrité physique diminuait. Malgré cela il tenait bon, luttant avec constance contre les souffrances et les épreuves.

Dans ce combat quotidien, l'amour et l'affection de son entourage proche ont beaucoup compté. Anne, Mazarine, le Dr Tarot, d'autres encore parmi lesquels j'ai la faiblesse de me ranger, ont su l'entourer, le protéger, le rassurer. « Je vous embête, nous disait-il, pardonnez-moi. Ce n'est pas bien d'être malade. Mais tout cela va bientôt s'arrêter. » À mon égard, ses propos étaient d'autant plus appuyés qu'il savait que, un an auparavant, j'avais dû accompagner mon beau-père victime lui aussi de cette « longue et terrible maladie », selon l'expression consacrée. « Je suis désolé de vous faire revivre ce que vous avez déjà vécu », m'a-t-il un jour lancé. Paradoxalement, c'était lui qui essayait de nous consoler, nous ses proches, alors que c'est l'inverse qui aurait été dans la logique des choses.

Mais, contrairement à ce qu'on a pu prétendre, François Mitterrand jusqu'au dernier jour de son mandat a joui de toutes les facultés intellectuelles nécessaires pour assumer la fonction présidentielle. Simplement on aurait pu et l'on aurait dû lui éviter des corvées de représentation aussi secondaires que répétitives.

Au bon plaisir des charlatans

Nous avons en France les meilleurs cancérologues du monde, et il continuait pourtant à voir des faiseurs de poudre de perlimpinpin.

Après l'éviction de Gubler en 1994, d'autres médecins tentèrent de faire main basse sur la santé du Président. Ce fut le cas d'un homéopathe belge qui prenait des sommes astronomiques en contrepartie de gélules prétendument miracles. Sur son ordre, le Président avait d'ailleurs arrêté tous les autres traitements pour ne prendre que sa prescription à lui. Un jour, nous étions à Blois en déplacement, et le Président était allé déjeuner avec Jack Lang. À ma grande honte, mais avec l'accord et en présence du Dr Tarot, j'ai profité de l'absence de François Mitterrand. Nous avons pris la décision d'ouvrir sa mallette, dont je connaissais le code. Le Dr Tarot, très inquiet, voulait en effet analyser les cachets prescrits. J'ai donc subtilisé un échantillon de chacune de ces gélules et les ai remises à Jean-Pierre Tarot. Après examen, il s'est avéré qu'il s'agissait ni plus ni moins de poudres de perlimpinpin, à base de pissenlit notamment. Mais qui pouvait prendre le risque de contrarier François Mitterrand et de lui faire ouvrir les yeux sur ces pratiques ? Et puis, d'une certaine manière, je comprenais la tentation qui était la sienne de se raccrocher à tout.

La dernière demeure

C'est au moment de la polémique sur le mont Beuvray que François Mitterrand a commencé à parler de son enterrement. En fait, bien avant cette époque, il avait déjà tout réglé. Et le poids de Danielle Mitterrand dans cette affaire du mont Beuvray était déterminant. C'était selon lui un coup d'éclat totalement inutile.

« Laissez-les donc croire ce qu'ils veulent », me dit-il un jour.

À quoi je lui ai répondu : « J'aimerais bien tout de même savoir ce qu'il en est, monsieur. Car, je serai là, vous le savez bien.

– Vous le saurez bien assez tôt », m'a-t-il dit en souriant, heureux d'une certaine manière de laisser durer le suspense.

D'ailleurs, sa décision finale ne m'a guère surpris, puisque, à de nombreuses reprises durant toutes ces années, je l'ai souvent conduit dans les Charentes, à Jarnac, où il allait se recueillir sur la tombe de sa mère. François Mitterrand croyait en Dieu, mais sous une autre forme que celle représentée, entre autres, par l'Église catholique. « La religion est une façon de vivre si elle sert l'esprit », avait-il coutume de dire. « Il faut s'en détacher, ajoutait-il, en espérant qu'il y ait quelque chose derrière. »

J'ai accompagné de multiples fois François Mitterrand dans des églises et dans des cimetières. Mais ce n'était pas seulement l'amateur d'art funéraire et religieux qui agissait de la sorte. Ces déplacements à Jarnac se situaient en général au printemps. Il allait rendre visite à son frère Philippe aujourd'hui décédé, avec lequel il entretenait une relation profonde. Ils avaient en commun notamment le même goût de la terre. Car François Mitterrand combinait en lui un aspect mondain et un aspect terrien. L'un n'allait pas sans l'autre.

Mitterrand, l'Égyptien

Noël 1995, en Égypte. Le dernier. Et pour ma part, je n'ai pas participé à cet ultime voyage, laissant ma place à d'autres. Mais je me souviendrai toute ma vie d'un séjour similaire en Égypte effectué quelques mois auparavant, en février 1995. Malgré les atteintes de la maladie, nous avons passé là-bas six jours merveilleux, exceptionnels, définitivement mémorables. François Mitterrand, malgré tout, était en bonne forme. Il se reposait, alternant croisières et promenades sur le barrage supérieur d'Assouan. C'était un enchantement quotidien. Nous étions, comme d'habitude, logés au *Old Cataract*, un hôtel plein de charme, ainsi qu'à la résidence privée du président Moubarak, à Assouan. Il fut décidé que nous terminerions l'année dans cet hôtel, où il occupait une chambre située juste au-dessus de celle réservée jadis à la romancière Agatha Christie. Il y disposait d'une terrasse de plain-pied, face à l'île Éléphantine, d'où il pouvait voir les felouques. Je garde d'autant plus en mémoire ce voyage que pour la première fois, et à ma grande joie, François Mitterrand m'avait autorisé à utiliser mon caméscope. Je m'en suis servi tout au long de nos déplacements et, si je lui ai donné à l'époque l'original de ce film, j'en ai gardé une copie en souvenir. Faut-il préciser que je tiens particulièrement à cette bande vidéo tournée moins d'un an avant sa disparition ? Je ne crois pas me tromper en affirmant que François Mitterrand souhaitait secrètement finir ses jours en terre égyptienne. Le destin en a décidé autrement, mais il est certain qu'il entretenait avec ce pays et cette civilisation des liens extrêmement forts et profonds.

10

Adieu

Les derniers jours, François Mitterrand est resté enfermé dans son appartement parisien. Il se déplaçait en peignoir, faisant quelques pas dans le couloir principal. Jean-Pierre Tarot faisait tout son possible pour lui éviter des souffrances inutiles. Toute la journée du vendredi, François Mitterrand resta alité. Je ne vins pas le samedi, et c'est le dimanche soir que je le vis pour la dernière fois. La mort était visiblement au travail.

En prévision

Durant ces cinq derniers jours, François Mitterrand se comporta en homme qui a pris sa décision. Il nous fit ainsi porter un courrier chez son notaire, afin que Mazarine soit la bénéficiaire des droits du livre qu'il préparait encore, ainsi que des droits des entretiens filmés qu'il avait accordés à Jean-Pierre Elkabbach. Ces entretiens furent réalisés pour partie chez Bernard Loiseau puis à Château-Chinon. On sait désormais qu'ils seront diffusés en 2001.

La veille de sa mort, François Mitterrand a clairement dit adieu à Anne. Il ne souhaitait pas qu'elle soit là le moment venu... Je me souviens qu'Anne est partie en larmes. Mazarine, elle, lui fit une dernière visite le dimanche soir, en compagnie d'Ali, son ami. Jean-Pierre Tarot avait été chargé par François Mitterrand lui-même de tranquilliser sa fille, en lui mentant sur la gravité de son état. La jeune fille est partie rassurée.

Danielle Mitterrand, elle, est arrivée le lundi matin à 7 heures environ, après avoir appris la mort de son époux. Dans l'entourage proche, on décida de tenir secrète la nouvelle tant que Jacques Chirac n'aurait pas été prévenu officiellement. Seuls alors sont présents, outre Danielle, Jean-Christophe Mitterrand, Michel Charasse et André Rousselet. Gilbert Mitterrand arrivera plus tard de Libourne, dans le courant de la matinée. Vers 9 h 30, le président de la République arrive, et je l'accueille à sa descente de voiture. C'est André Rousselet qui le conduit devant la dépouille de François Mitterrand. À son retour, je remarque sa profonde tristesse et son émotion visible. Dans l'ascenseur, il me prend l'épaule et me dit, avec cette attention aux autres qui lui est propre : « Et vous, qu'allez-vous devenir maintenant ?

– Je ne sais pas, lui ai-je répondu.

– Venez me voir plus tard, quand tout sera fini », m'a-t-il dit.

Après le départ de Jacques Chirac, c'est André Rousselet qui, en sa qualité d'exécuteur testamentaire, se chargea d'informer officiellement la presse.

À partir de là, ce fut un défilé permanent de personnalités mais aussi d'anonymes devant l'immeuble de l'avenue Frédéric-le-Play. C'est pourquoi très rapidement l'entourage m'a demandé de descendre devant la porte de l'immeuble. J'étais en effet l'un des rares à pouvoir filtrer les personnes qui voulaient entrer. Je connaissais les deux familles, les membres du Parti, les intimes, les plus ou moins proches... J'ai effectué cette mission durant trois jours au total.

Et puis il m'a fallu décourager plusieurs anciennes conquêtes féminines de François Mitterrand qui venaient en pleurs me supplier de les laisser entrer. Elles voulaient, disaient-elles, le voir une dernière fois. Non sans mal, je leur faisais comprendre que leur place n'était pas là-haut et que ce qu'elles me demandaient était impossible évidemment. Elles finissaient toujours par se rendre à mes arguments. Alors elles se mettaient dans un coin et se recueillaient un instant à la mémoire de celui qu'elles avaient aimé. Puis, toujours en larmes, elles repartaient avec leur chagrin.

Il faut dire que, même si certaines ruptures avaient été difficiles, François Mitterrand s'était toujours très bien comporté après avec les femmes qu'il avait séduites. Elles ont toutes été remerciées, au bon sens du terme. Elles trouvaient une place, au Parti socialiste, notamment. Non pas nécessairement là où elles étaient les plus compétentes, mais là où elles pouvaient lui servir. Après 1981, la prudence commandait. En parlant de l'Élysée, il me disait qu'il avait là « un cheptel »...

Et puis, il y eut certaines personnalités pour lesquelles j'avais reçu des consignes très strictes de l'entourage. Jacques Attali en faisait partie, mais je n'ai pas eu à lui refuser l'accès de l'appartement puisqu'il n'est pas venu. D'autres que lui ont essayé, et je me suis montré inflexible puisque j'en avais reçu la consigne.

Il me faut maintenant parler d'un triste épisode qui a fait la une de la presse : la fameuse photo de François Mitterrand sur son lit de mort publiée dans la presse. On a évidemment pensé immédiatement au seul photographe autorisé à pénétrer dans l'appartement, en raison des liens qu'il avait toujours entretenus avec le défunt. Ce grand professionnel (Claude Azoulai) a souffert de ces accusations totalement infondées. Il m'a juré un jour qu'il n'avait pas commis cette infamie, et son regard n'était pas celui d'un menteur mais d'un homme blessé. J'ai pu un instant penser, pour ma part, qu'il pouvait s'agir du Dr Tarot, grand amateur de photographie. Mais je sais désormais qu'il n'en est rien.

Saurons-nous un jour la vérité ? Pour l'instant l'enquête a été arrêtée, tout simplement parce que l'auteur de ce cliché se trouverait trop près de la famille... Les liens du sang n'autorisent pas tout, et surtout pas une utilisation mercantile qui, bien plus que l'acte en lui-même, ne peut que heurter les consciences les plus laxistes. Pour tout dire, cette photo, à mon sens, devait être prise. Mais elle n'aurait jamais dû se retrouver ainsi exposée, utilisée, vendue au plus offrant. La famille de François Mitterrand aurait dû prévenir cette éventualité. Bien des suspicions inutiles, des accusations injustes et des déchirements compréhensibles auraient pu être évités.

La dernière cérémonie

Passé ces trois jours, arrive le moment de la mise en bière, le jeudi. J'ai passé la nuit de mercredi à jeudi auprès de François Mitterrand et j'ai assisté à cette mise en bière. Puis je suis rentré chez moi à Créteil. Avec Isabelle, mon épouse, nous avons décidé de nous rendre à Jarnac pour un ultime adieu. Nous avons roulé toute la nuit et sommes arrivés au petit matin sur la base de Cognac où avait lieu une première cérémonie officielle. Je me fais tout petit, loin des tribunes officielles. Je vois le cercueil, le drapeau tricolore. Puis nous reprenons la voiture et suivons le cortège qui se dirige vers Jarnac. Certains proches de la famille m'ont proposé d'emprunter un véhicule du cortège officiel, mais j'ai préféré décliner l'offre. J'assiste à cette messe dont François Mitterrand avait dit qu'elle était « possible ». Je suis le témoin de scènes qui m'attristent, avec des gens qui se battent presque pour être face aux caméras placées dans l'église. Et parmi eux d'anciens ministres... Mais, comme disait le Président, il faut de tout dans la nature humaine.

Durant toutes ces heures, je ne parle à personne. Et surtout pas aux journalistes. Je suis littéralement prostré dans ma douleur. Elle ne m'a pas quitté, cette douleur, pendant les trois années suivantes. Et seule la thérapie m'a aidé à faire un indispensable et long travail de deuil. J'avais perdu le père que je n'avais pas eu. François Mitterrand était le Dieu d'une religion que je n'avais pas. C'était un écrivain qui m'avait poussé à lire, moi qui n'aimais pas la lecture ni les livres. C'était mon patron. Il était comme le grand-père de mes enfants, puisque tous les matins je conduisais mon fils Pierre-Alexandre à la crèche de l'Élysée et que bien souvent nous nous retrouvions tous les trois dans le parc. C'était aussi mon confident puisque nous avions partagé des épreuves. Il avait été le témoin de mon mariage. Pour toutes ces raisons et d'autres encore, sa mort me laissait vide et inconsolable. Heureusement, j'avais auprès de moi mon épouse, notre amour et tous mes enfants. Je me suis raccroché à eux comme à une bouée pour ne pas sombrer dans la dépression.

Après la messe, il y eut l'épreuve du cimetière. Il a fallu faire la chasse aux paparazzi, les convaincre de faire preuve de retenue. Peu de monde fut admis dans l'enceinte du cimetière, on le sait. *A priori*, seule la famille y avait accès. Ma présence, c'était un peu comme d'être un petit cousin de François Mitterrand. Je n'ai pas la prétention de dire que je fais partie de sa famille, mais toutes ces années passées à ses côtés m'ont conféré un statut particulier, y compris aux yeux de ses proches.

Puis mon épouse et moi avons repris la voiture pour regagner Paris. Dès le lendemain matin, Isabelle a appelé le médecin qui m'a prescrit des tranquillisants, Prozac, Lexomil. Quinze jours durant je n'ai pas quitté mon appartement. J'étais totalement abattu. Outre celui de ma famille, je reçus le soutien de mes amis du PS, mais aussi de mes nombreux copains de droite qui comprenaient fort bien mon immense chagrin. Ils m'ont entouré de leur affection. Ils ne m'ont pas laissé tomber.

Et puis, un matin, je me suis réveillé en me disant qu'il fallait me ressaisir.

Maintenant, il m'arrive d'avoir la larme à l'œil à la seule évocation du nom de François Mitterrand. Mais ce n'est rien comparé aux larmes qui m'envahissaient juste après sa mort. J'ai même repris mon bâton de militant socialiste lors des dernières élections législatives. J'y ai cru de nouveau. J'ai senti le nouvel élan insufflé par

Lionel Jospin. J'ai fait cette campagne dans l'enthousiasme, presque comme avant. Et puis surtout j'ai eu envie de parler de François Mitterrand et du socialisme qui ne peut se résumer à Patrice Pelat ou à Roland Dumas. J'ai eu envie de dire que Mitterrand, c'était bien, tout en ayant la certitude que Jospin ce sera sûrement très bien et d'une autre manière.

Voilà, ma part de vérité, c'est ce livre qui est dédié à l'amour et à l'amitié. Parce que je crois que le grand amour et la profonde amitié sont en bien des points comparables. Ils se fondent sur des coups de foudre et libèrent la même intensité. Par amour ou par amitié, deux êtres se rejoignent et fondent leurs destins. Seule la disparition de l'un d'entre eux fait cesser leur relation. Au fond, la seule vraie grande différence entre ce grand amour et cette profonde amitié, c'est que l'on peut être amoureux plusieurs fois dans sa vie...

J'allais oublier une dernière chose, un petit rien, une peccadille. Moi, Pierre Tourlier, chauffeur de François Mitterrand durant vingt ans, je n'ai jamais passé mon permis de conduire !

Table

Cet ouvrage a été réalisé
par la Société Nouvelle Firmin-Didot
Mesnil-sur-l'Estrée
pour le compte des Éditions Denoël
en mars 2000

Imprimé en France
Dépôt légal : mars 2000
N° d'édition : 9545 – N° d'impression : 50749